T&P BOOKS

ALBANISCH
W O R T S C H A T Z

DEUTSCH
ALBANISCH

Die nützlichsten Wörter
Zur Erweiterung Ihres Wortschatzes und
Verbesserung der Sprachfertigkeit

3000 Wörter

Wortschatz Deutsch-Albanisch für das Selbststudium - 3000 Wörter
Von Andrey Taranov

T&P Books Vokabelbücher sind dafür vorgesehen, beim Lernen einer Fremdsprache zu helfen, Wörter zu memorieren und zu wiederholen. Das Wörterbuch ist nach Themen aufgeteilt und deckt alle wichtigen Bereiche des täglichen Lebens, Berufs, Wissenschaft, Kultur etc. ab.

Durch das Benutzen der themenbezogenen T&P Books ergeben sich folgende Vorteile für den Lernprozess:

- Sachgemäß geordnete Informationen bestimmen den späteren Erfolg auf den darauffolgenden Stufen der Memorisierung
- Die Verfügbarkeit von Wörtern, die sich aus der gleichen Wurzel ableiten lassen, erlaubt die Memorisierung von Worteinheiten (mehr als bei einzeln stehenden Wörtern)
- Kleine Worteinheiten unterstützen den Aufbauprozess von assoziativen Verbindungen für die Festigung des Wortschatzes
- Die Kenntnis der Sprache kann aufgrund der Anzahl der gelernten Wörter eingeschätzt werden

T&P Books Publishing
www.tpbooks.com

ISBN: 978-1-78767-043-3

Dieses Buch ist auch im E-Book Format erhältlich.
Besuchen Sie uns auch auf www.tpbooks.com oder auf einer der bedeutenden Buchhandlungen online.

WORTSCHATZ DEUTSCH-ALBANISCH
für das Selbststudium

Die Vokabelbücher von T&P Books sind dafür vorgesehen, Ihnen beim Lernen einer Fremdsprache zu helfen, Wörter zu memorieren und zu wiederholen. Der Wortschatz enthält über 3000 häufig gebrauchte, thematisch geordnete Wörter.

- Der Wortschatz enthält die am häufigsten benutzten Wörter
- Eignet sich als Ergänzung zu jedem Sprachkurs
- Erfüllt die Bedürfnisse von Anfängern und fortgeschrittenen Lernenden von Fremdsprachen
- Praktisch für den täglichen Gebrauch, zur Wiederholung und um sich selbst zu testen
- Ermöglicht es, Ihren Wortschatz einzuschätzen

Besondere Merkmale des Wortschatzes:

- Wörter sind entsprechend ihrer Bedeutung und nicht alphabetisch organisiert
- Wörter werden in drei Spalten präsentiert, um das Wiederholen und den Selbstüberprüfungsprozess zu erleichtern
- Wortgruppen werden in kleinere Einheiten aufgespalten, um den Lernprozess zu fördern
- Der Wortschatz bietet eine praktische und einfache Lautschrift jedes Wortes der Fremdsprache

Der Wortschatz hat 101 Themen, einschließlich:

Grundbegriffe, Zahlen, Farben, Monate, Jahreszeiten, Maßeinheiten, Kleidung und Accessoires, Essen und Ernährung, Restaurant, Familienangehörige, Verwandte, Charaktereigenschaften, Empfindungen, Gefühle, Krankheiten, Großstadt, Kleinstadt, Sehenswürdigkeiten, Einkaufen, Geld, Haus, Zuhause, Büro, Import & Export, Marketing, Arbeitssuche, Sport, Ausbildung, Computer, Internet, Werkzeug, Natur, Länder, Nationalitäten und vieles mehr...

INHALT

LEITFADEN FÜR DIE AUSSPRACHE

T&P phonetisches Alphabet	Albanisch Beispiel	Deutsch Beispiel
[a]	flas [flas]	schwarz
[e], [ɛ]	melodi [mɛlodí]	hängen
[ə]	kërkoj [kərkój]	halte
[i]	pikë [píkə]	ihr, finden
[o]	motor [motór]	orange
[u]	fuqi [fucí]	kurz
[y]	myshk [myʃk]	über, dünn
[b]	brakë [brákə]	Brille
[c]	oqean [ocɛán]	Chile
[d]	adoptoj [adoptój]	Detektiv
[dz]	lexoj [lɛdzój]	Nordsee
[dʒ]	xham [dʒam]	Kambodscha
[ð]	dhomë [ðómə]	Motherboard
[f]	i fortë [i fórtə]	fünf
[g]	bullgari [buɫgarí]	gelb
[h]	jaht [jáht]	brauchbar
[j]	hyrje [hýrjɛ]	Jacke
[ɟ]	zgjedh [zɟɛð]	Studium
[k]	korik [korík]	Kalender
[l]	lëviz [ləvíz]	Juli
[ɫ]	shkallë [ʃkáɫə]	lampe
[m]	medalje [mɛdáljɛ]	Mitte
[n]	klan [klan]	nicht
[ɲ]	spanjoll [spaɲóɫ]	Champagner
[ŋ]	trung [truŋ]	lang
[p]	polici [politsí]	Polizei
[r]	i erët [i érət]	richtig
[ɾ]	groshë [gróʃə]	Spanisch - pero
[s]	spital [spitál]	sein
[ʃ]	shes [ʃɛs]	Chance
[t]	tapet [tapét]	still
[ts]	batica [batítsa]	Gesetz
[tʃ]	kaçube [katʃúbɛ]	Matsch
[v]	javor [javór]	November
[z]	horizont [horizónt]	sein
[ʒ]	kuzhinë [kuʒínə]	Regisseur
[θ]	përkthej [pərkθéj]	stimmloser th-Laut

ABKÜRZUNGEN
die im Vokabular verwendet werden

Deutsch. Abkürzungen

Adj	-	Adjektiv
Adv	-	Adverb
Amtsspr.	-	Amtssprache
f	-	Femininum
f, n	-	Femininum, Neutrum
Fem.	-	Femininum
m	-	Maskulinum
m, f	-	Maskulinum, Femininum
m, n	-	Maskulinum, Neutrum
Mask.	-	Maskulinum
n	-	Neutrum
pl	-	Plural
Sg.	-	Singular
ugs.	-	umgangssprachlich
unzähl.	-	unzählbar
usw.	-	und so weiter
v mod	-	Modalverb
vi	-	intransitives Verb
vi, vt	-	intransitives, transitives Verb
vt	-	transitives Verb
zähl.	-	zählbar
z.B.	-	zum Beispiel

Albanisch. Abkürzungen

f	-	Femininum
m	-	Maskulinum
pl	-	Plural

GRUNDBEGRIFFE

1. Pronomen

ich	Unë, mua	[unə], [múa]
du	ti, ty	[ti], [ty]
er	ai	[aí]
sie	ajo	[ajó]
es	ai	[aí]
wir	ne	[nɛ]
ihr	ju	[ju]
sie (Mask.)	ata	[atá]
sie (Fem.)	ato	[ató]

2. Grüße. Begrüßungen

Hallo! (ugs.)	Përshëndetje!	[pərʃəndétjɛ!]
Hallo! (Amtsspr.)	Përshëndetje!	[pərʃəndétjɛ!]
Guten Morgen!	Mirëmëngjes!	[mirəmənɟés!]
Guten Tag!	Mirëdita!	[mirədíta!]
Guten Abend!	Mirëmbrëma!	[mirəmbréma!]
grüßen (vi, vt)	përshëndes	[pərʃəndés]
Hallo! (ugs.)	Ç'kemi!	[tʃʹkémi!]
Gruß (m)	përshëndetje (f)	[pərʃəndétjɛ]
begrüßen (vt)	përshëndes	[pərʃəndés]
Wie geht es Ihnen?	Si jeni?	[si jéni?]
Wie geht's dir?	Si je?	[si jɛ?]
Was gibt es Neues?	Çfarë ka të re?	[tʃfárə ká tə ré?]
Auf Wiedersehen!	Mirupafshim!	[mirupáfʃim!]
Wiedersehen! Tschüs!	U pafshim!	[u páfʃim!]
Bis bald!	Shihemi së shpejti!	[ʃíhɛmi sə ʃpéjti!]
Lebe wohl! Leben Sie wohl!	Lamtumirë!	[lamtumírə!]
sich verabschieden	përshëndetem	[pərʃəndétɛm]
Tschüs!	Tungjatjeta!	[tunɟatjéta!]
Danke!	Faleminderit!	[falɛmindérit!]
Dankeschön!	Faleminderit shumë!	[falɛmindérit ʃúmə!]
Bitte (Antwort)	Të lutem	[tə lútɛm]
Keine Ursache.	Asgjë!	[asɟé!]
Nichts zu danken.	Asgjë	[asɟé]
Entschuldige!	Më fal!	[mə fal!]
Entschuldigung!	Më falni!	[mə fálni!]

entschuldigen (vt)	fal	[fal]
sich entschuldigen	kërkoj falje	[kərkój fáljɛ]
Verzeihung!	Kërkoj ndjesë	[kərkój ndjésə]
Es tut mir leid!	Më vjen keq!	[mə vjɛn kɛc!]
verzeihen (vt)	fal	[fal]
Das macht nichts!	S'ka gjë!	[s'ka ɉə!]
bitte (Die Rechnung, ~!)	të lutem	[tə lútɛm]

Nicht vergessen!	Mos harro!	[mos haró!]
Natürlich!	Sigurisht!	[siguríʃt!]
Natürlich nicht!	Sigurisht që jo!	[siguríʃt cə jo!]
Gut! Okay!	Në rregull!	[nə réguɫ!]
Es ist genug!	Mjafton!	[mjaftón!]

3. Fragen

Wer?	Kush?	[kuʃ?]
Was?	Çka?	[tʃká?]
Wo?	Ku?	[ku?]
Wohin?	Për ku?	[pər ku?]
Woher?	Nga ku?	[ŋa ku?]
Wann?	Kur?	[kur?]
Wozu?	Pse?	[psɛ?]
Warum?	Pse?	[psɛ?]

Wofür?	Për çfarë arsye?	[pər tʃfárə arsýɛ?]
Wie?	Si?	[si?]
Welcher?	Çfarë?	[tʃfárə?]

Wem?	Kujt?	[kújt?]
Über wen?	Për kë?	[pər kə?]
Wovon? (~ sprichst du?)	Për çfarë?	[pər tʃfárə?]
Mit wem?	Me kë?	[mɛ kə?]
Wie viel? Wie viele?	Sa?	[sa?]
Wessen?	Të kujt?	[tə kujt?]

4. Präpositionen

mit (Frau ~ Katzen)	me	[mɛ]
ohne (~ Dich)	pa	[pa]
nach (~ London)	për në	[pər nə]
über (~ Geschäfte sprechen)	për	[pər]
vor (z.B. ~ acht Uhr)	përpara	[pərpára]
vor (z.B. ~ dem Haus)	para ...	[pára ...]

unter (~ dem Schirm)	nën	[nən]
über (~ dem Meeresspiegel)	mbi	[mbí]
auf (~ dem Tisch)	mbi	[mbí]
aus (z.B. ~ München)	nga	[ŋa]
aus (z.B. ~ Porzellan)	nga	[ŋa]
in (~ zwei Tagen)	për	[pər]
über (~ zaun)	sipër	[sípər]

5. Funktionswörter. Adverbien. Teil 1

Wo?	Ku?	[ku?]
hier	këtu	[kǝtú]
dort	atje	[atjé]

irgendwo	diku	[dikú]
nirgends	askund	[askúnd]

an (bei)	afër	[áfǝr]
am Fenster	tek dritarja	[tɛk dritárja]

Wohin?	Për ku?	[pǝr ku?]
hierher	këtu	[kǝtú]
dahin	atje	[atjé]
von hier	nga këtu	[ŋa kǝtú]
von da	nga atje	[ŋa atjɛ]

nah (Adv)	pranë	[pránǝ]
weit, fern (Adv)	larg	[larg]

in der Nähe von ...	afër	[áfǝr]
in der Nähe	pranë	[pránǝ]
unweit (~ unseres Hotels)	jo larg	[jo lárg]

link (Adj)	majtë	[májtǝ]
links (Adv)	majtas	[májtas]
nach links	në të majtë	[nǝ tǝ májtǝ]

recht (Adj)	djathtë	[djáθtǝ]
rechts (Adv)	djathtas	[djáθtas]
nach rechts	në të djathtë	[nǝ tǝ djáθtǝ]

vorne (Adv)	përballë	[pǝrbáłǝ]
Vorder-	i përparmë	[i pǝrpármǝ]
vorwärts	përpara	[pǝrpára]

hinten (Adv)	prapa	[prápa]
von hinten	nga prapa	[ŋa prápa]
rückwärts (Adv)	pas	[pas]

Mitte (f)	mes (m)	[mɛs]
in der Mitte	në mes	[nǝ mɛs]

seitlich (Adv)	në anë	[nǝ anǝ]
überall (Adv)	kudo	[kúdo]
ringsherum (Adv)	përreth	[pǝréθ]

von innen (Adv)	nga brenda	[ŋa brénda]
irgendwohin (Adv)	diku	[dikú]
geradeaus (Adv)	drejt	[dréjt]
zurück (Adv)	pas	[pas]

irgendwoher (Adv)	nga kudo	[ŋa kúdo]
von irgendwo (Adv)	nga diku	[ŋa dikú]

erstens	së pari	[sə pári]
zweitens	së dyti	[sə dýti]
drittens	së treti	[sə tréti]

plötzlich (Adv)	befas	[béfas]
zuerst (Adv)	në fillim	[nə fitím]
zum ersten Mal	për herë të parë	[pər hérə tə párə]
lange vor...	shumë përpara ...	[ʃúmə pərpára ...]
von Anfang an	sërish	[səríʃ]
für immer	një herë e mirë	[ɲə hérə ε mírə]

nie (Adv)	kurrë	[kúrə]
wieder (Adv)	përsëri	[pərsərí]
jetzt (Adv)	tani	[táni]
oft (Adv)	shpesh	[ʃpεʃ]
damals (Adv)	atëherë	[atəhérə]
dringend (Adv)	urgjent	[urɟént]
gewöhnlich (Adv)	zakonisht	[zakoníʃt]

übrigens, ...	meqë ra fjala, ...	[mécə ra fjála, ...]
möglicherweise (Adv)	ndoshta	[ndóʃta]
wahrscheinlich (Adv)	mundësisht	[mundəsíʃt]
vielleicht (Adv)	mbase	[mbásε]
außerdem ...	përveç	[pərvétʃ]
deshalb ...	ja përse ...	[ja pərsé ...]
trotz ...	pavarësisht se ...	[pavarəsíʃt sε ...]
dank ...	falë ...	[fálə ...]

was (~ ist denn?)	çfarë	[tʃfárə]
das (~ ist alles)	që	[cə]
etwas	diçka	[ditʃká]
irgendwas	ndonji gjë	[ndoɲí ɟə]
nichts	asgjë	[asɟə́]

wer (~ ist ~?)	kush	[kuʃ]
jemand	dikush	[dikúʃ]
irgendwer	dikush	[dikúʃ]

niemand	askush	[askúʃ]
nirgends	askund	[askúnd]
niemandes (~ Eigentum)	i askujt	[i askújt]
jemandes	i dikujt	[i dikújt]

so (derart)	aq	[ác]
auch	gjithashtu	[ɟiθaʃtú]
ebenfalls	gjithashtu	[ɟiθaʃtú]

6. Funktionswörter. Adverbien. Teil 2

Warum?	Pse?	[psε?]
aus irgendeinem Grund	për një arsye	[pər ɲə arsýε]
weil ...	sepse ,,,	[sεpsé ,,,]
zu irgendeinem Zweck	për ndonjë shkak	[pər ndóɲə ʃkak]
und	dhe	[ðε]

oder	ose	[ósɛ]
aber	por	[poɾ]
für (präp)	për	[pəɾ]

zu (~ viele)	tepër	[tépəɾ]
nur (~ einmal)	vetëm	[vétəm]
genau (Adv)	pikërisht	[pikəríʃt]
etwa	rreth	[rɛθ]

ungefähr (Adv)	përafërsisht	[pərafərsíʃt]
ungefähr (Adj)	përafërt	[pəráfərt]
fast	pothuajse	[poθúajsɛ]
Übrige (n)	mbetje (f)	[mbétjɛ]

der andere	tjetri	[tjétri]
andere	tjetër	[tjétəɾ]
jeder (~ Mann)	çdo	[tʃdo]
beliebig (Adj)	çfarëdo	[tʃfarədó]
viel (zähl.)	disa	[disá]
viel (unzähl.)	shumë	[ʃúmə]
viele Menschen	shumë njerëz	[ʃúmə ɲérəz]
alle (wir ~)	të gjithë	[tə ɟíθə]

im Austausch gegen ...	në vend të ...	[nə vénd tə ...]
dafür (Adv)	në shkëmbim të ...	[nə ʃkəmbím tə ...]
mit der Hand (Hand-)	me dorë	[mɛ dórə]
schwerlich (Adv)	vështirë se ...	[vəʃtírə sɛ ...]

wahrscheinlich (Adv)	mundësisht	[mundəsíʃt]
absichtlich (Adv)	me qëllim	[mɛ cəɬím]
zufällig (Adv)	aksidentalisht	[aksidɛntalíʃt]

sehr (Adv)	shumë	[ʃúmə]
zum Beispiel	për shembull	[pər ʃémbuɬ]
zwischen	midis	[midís]
unter (Wir sind ~ Mördern)	rreth	[rɛθ]
so viele (~ Ideen)	kaq shumë	[kác ʃúmə]
besonders (Adv)	veçanërisht	[vɛtʃanəríʃt]

ZAHLEN. VERSCHIEDENES

7. Grundzahlen. Teil 1

null	zero	[zéro]
eins	një	[ɲə]
zwei	dy	[dy]
drei	tre	[trɛ]
vier	katër	[kátər]

fünf	pesë	[pésə]
sechs	gjashtë	[ɟáʃtə]
sieben	shtatë	[ʃtátə]
acht	tetë	[tétə]
neun	nëntë	[nəntə]

zehn	dhjetë	[ðjétə]
elf	njëmbëdhjetë	[ɲəmbəðjétə]
zwölf	dymbëdhjetë	[dymbəðjétə]
dreizehn	trembëdhjetë	[trɛmbəðjétə]
vierzehn	katërmbëdhjetë	[katərmbəðjétə]

fünfzehn	pesëmbëdhjetë	[pɛsəmbəðjétə]
sechzehn	gjashtëmbëdhjetë	[ɟaʃtəmbəðjétə]
siebzehn	shtatëmbëdhjetë	[ʃtatəmbəðjétə]
achtzehn	tetëmbëdhjetë	[tɛtəmbəðjétə]
neunzehn	nëntëmbëdhjetë	[nəntəmbəðjétə]

zwanzig	njëzet	[ɲəzét]
einundzwanzig	njëzet e një	[ɲəzét ɛ ɲə]
zweiundzwanzig	njëzet e dy	[ɲəzét ɛ dy]
dreiundzwanzig	njëzet e tre	[ɲəzét ɛ trɛ]

dreißig	tridhjetë	[triðjétə]
einunddreißig	tridhjetë e një	[triðjétə ɛ ɲə]
zweiunddreißig	tridhjetë e dy	[triðjétə ɛ dy]
dreiunddreißig	tridhjetë e tre	[triðjétə ɛ trɛ]

vierzig	dyzet	[dyzét]
einundvierzig	dyzet e një	[dyzét ɛ ɲə]
zweiundvierzig	dyzet e dy	[dyzét ɛ dy]
dreiundvierzig	dyzet e tre	[dyzét ɛ trɛ]

fünfzig	pesëdhjetë	[pɛsəðjétə]
einundfünfzig	pesëdhjetë e një	[pɛsəðjétə ɛ ɲə]
zweiundfünfzig	pesëdhjetë e dy	[pɛsəðjétə ɛ dy]
dreiundfünfzig	pesëdhjetë e tre	[pɛsəðjétə ɛ trɛ]

sechzig	gjashtëdhjetë	[ɟaʃtəðjétə]
einundsechzig	gjashtëdhjetë e një	[ɟaʃtəðjétə ɛ ɲə]

15

| zweiundsechzig | gjashtëdhjetë e dy | [ɟaʃtəðjétə ɛ dý] |
| dreiundsechzig | gjashtëdhjetë e tre | [ɟaʃtəðjétə ɛ tré] |

siebzig	shtatëdhjetë	[ʃtatəðjétə]
einundsiebzig	shtatëdhjetë e një	[ʃtatəðjétə ɛ ɲə]
zweiundsiebzig	shtatëdhjetë e dy	[ʃtatəðjétə ɛ dy]
dreiundsiebzig	shtatëdhjetë e tre	[ʃtatəðjétə ɛ trɛ]

achtzig	tetëdhjetë	[tɛtəðjétə]
einundachtzig	tetëdhjetë e një	[tɛtəðjétə ɛ ɲə]
zweiundachtzig	tetëdhjetë e dy	[tɛtəðjétə ɛ dy]
dreiundachtzig	tetëdhjetë e tre	[tɛtəðjétə ɛ trɛ]

neunzig	nëntëdhjetë	[nəntəðjétə]
einundneunzig	nëntëdhjetë e një	[nəntəðjétə ɛ ɲə]
zweiundneunzig	nëntëdhjetë e dy	[nəntəðjétə ɛ dy]
dreiundneunzig	nëntëdhjetë e tre	[nəntəðjétə ɛ trɛ]

8. Grundzahlen. Teil 2

einhundert	njëqind	[ɲəcínd]
zweihundert	dyqind	[dycínd]
dreihundert	treqind	[trɛcínd]
vierhundert	katërqind	[katərcínd]
fünfhundert	pesëqind	[pɛsəcínd]

sechshundert	gjashtëqind	[ɟaʃtəcínd]
siebenhundert	shtatëqind	[ʃtatəcínd]
achthundert	tetëqind	[tɛtəcínd]
neunhundert	nëntëqind	[nəntəcínd]

eintausend	një mijë	[ɲə míjə]
zweitausend	dy mijë	[dy míjə]
dreitausend	tre mijë	[trɛ míjə]
zehntausend	dhjetë mijë	[ðjétə míjə]
hunderttausend	njëqind mijë	[ɲəcínd míjə]
Million (f)	milion (m)	[milión]
Milliarde (f)	miliardë (f)	[miliárdə]

9. Ordnungszahlen

der erste	i pari	[i pári]
der zweite	i dyti	[i dýti]
der dritte	i treti	[i tréti]
der vierte	i katërti	[i kátərti]
der fünfte	i pesti	[i pésti]

der sechste	i gjashti	[i ɟáʃti]
der siebte	i shtati	[i ʃtáti]
der achte	i teti	[i téti]
der neunte	i nënti	[i nénti]
der zehnte	i dhjeti	[i ðjéti]

FARBEN. MAßEINHEITEN

10. Farben

Farbe (f)	ngjyrë (f)	[ɲɟýrə]
Schattierung (f)	nuancë (f)	[nuántsə]
Farbton (m)	tonalitet (m)	[tonalitét]
Regenbogen (m)	ylber (m)	[ylbér]
weiß	e bardhë	[ɛ bárðə]
schwarz	e zezë	[ɛ zézə]
grau	gri	[gri]
grün	jeshile	[jɛʃílɛ]
gelb	e verdhë	[ɛ vérðə]
rot	e kuqe	[ɛ kúcɛ]
blau	blu	[blu]
hellblau	bojëqielli	[bojəciéti]
rosa	rozë	[rózə]
orange	portokalli	[portokáti]
violett	bojëvjollcë	[bojəvjóttsə]
braun	kafe	[káfɛ]
golden	e artë	[ɛ ártə]
silbrig	e argjendtë	[ɛ arɟéndtə]
beige	bezhë	[béʒə]
cremefarben	krem	[krɛm]
türkis	e bruztë	[ɛ brúztə]
kirschrot	qershi	[cɛrʃí]
lila	jargavan	[jargaván]
himbeerrot	e kuqe e thellë	[ɛ kúcɛ ɛ θéŧə]
hell	e hapur	[ɛ hápur]
dunkel	e errët	[ɛ érət]
grell	e ndritshme	[ɛ ndrítʃmɛ]
Farb- (z.B. -stifte)	e ngjyrosur	[ɛ ɲɟyrósur]
Farb- (z.B. -film)	ngjyrë	[ɲɟýrə]
schwarz-weiß	bardhë e zi	[bárðə ɛ zi]
einfarbig	njëngjyrëshe	[nənɟýrəʃɛ]
bunt	shumëngjyrëshe	[ʃumənɟýrəʃɛ]

11. Maßeinheiten

Gewicht (n)	peshë (f)	[péʃə]
Länge (f)	gjatësi (f)	[ɟatəsí]

Breite (f)	gjerësi (f)	[ɟɛrəsí]
Höhe (f)	lartësi (f)	[lartəsí]
Tiefe (f)	thellësi (f)	[θɛɫəsí]
Volumen (n)	vëllim (m)	[vəlím]
Fläche (f)	sipërfaqe (f)	[sipərfácɛ]

Gramm (n)	gram (m)	[gram]
Milligramm (n)	miligram (m)	[miligrám]
Kilo (n)	kilogram (m)	[kilográm]
Tonne (f)	ton (m)	[ton]
Pfund (n)	paund (m)	[páund]
Unze (f)	ons (m)	[ons]

Meter (m)	metër (m)	[métər]
Millimeter (m)	milimetër (m)	[milimétər]
Zentimeter (m)	centimetër (m)	[tsɛntimétər]
Kilometer (m)	kilometër (m)	[kilométər]
Meile (f)	milje (f)	[míljɛ]

Zoll (m)	inç (m)	[intʃ]
Fuß (m)	këmbë (f)	[kə́mbə]
Yard (n)	jard (m)	[járd]

| Quadratmeter (m) | metër katror (m) | [métər katrór] |
| Hektar (n) | hektar (m) | [hɛktár] |

Liter (m)	litër (m)	[lítər]
Grad (m)	gradë (f)	[grádə]
Volt (n)	volt (m)	[volt]
Ampere (n)	amper (m)	[ampér]
Pferdestärke (f)	kuaj-fuqi (f)	[kúaj-fucí]

Anzahl (f)	sasi (f)	[sasí]
etwas ...	pak ...	[pak ...]
Hälfte (f)	gjysmë (f)	[ɟýsmə]
Dutzend (n)	dyzinë (f)	[dyzínə]
Stück (n)	copë (f)	[tsópə]

| Größe (f) | madhësi (f) | [maðəsí] |
| Maßstab (m) | shkallë (f) | [ʃkáɫə] |

minimal (Adj)	minimale	[minimálɛ]
der kleinste	më i vogli	[mə i vógli]
mittler, mittel-	i mesëm	[i mésəm]
maximal (Adj)	maksimale	[maksimálɛ]
der größte	më i madhi	[mə i máði]

12. Behälter

Glas (Einmachglas)	kavanoz (m)	[kavanóz]
Dose (z.B. Bierdose)	kanoçe (f)	[kanótʃɛ]
Eimer (m)	kovë (f)	[kóvə]
Fass (n), Tonne (f)	fuçi (f)	[futʃí]
Waschschüssel (n)	legen (m)	[lɛgén]

Tank (m)	tank (m)	[tank]
Flachmann (m)	faqore (f)	[facórɛ]
Kanister (m)	bidon (m)	[bidón]
Zisterne (f)	cisternë (f)	[tsistérnə]

Kaffeebecher (m)	tas (m)	[tas]
Tasse (f)	filxhan (m)	[fildʒán]
Untertasse (f)	pjatë filxhani (f)	[pjátə fildʒáni]
Wasserglas (n)	gotë (f)	[gótə]
Weinglas (n)	gotë vere (f)	[gótə vérɛ]
Kochtopf (m)	tenxhere (f)	[tɛndʒérɛ]

Flasche (f)	shishe (f)	[ʃíʃɛ]
Flaschenhals (m)	grykë	[grýkə]

Karaffe (f)	brokë (f)	[brókə]
Tonkrug (m)	shtambë (f)	[ʃtámbə]
Gefäß (n)	enë (f)	[énə]
Tontopf (m)	enë (f)	[énə]
Vase (f)	vazo (f)	[vázo]

Flakon (n)	shishe (f)	[ʃíʃɛ]
Fläschchen (n)	shishkë (f)	[ʃíʃkə]
Tube (z.B. Zahnpasta)	tubet (f)	[tubét]

Sack (~ Kartoffeln)	thes (m)	[θɛs]
Tüte (z.B. Plastiktüte)	qese (f)	[césɛ]
Schachtel (f) (z.B. Zigaretten~)	paketë (f)	[pakétə]

Karton (z.B. Schuhkarton)	kuti (f)	[kutí]
Kiste (z.B. Bananenkiste)	arkë (f)	[árkə]
Korb (m)	shportë (f)	[ʃpórtə]

DIE WICHTIGSTEN VERBEN

13. Die wichtigsten Verben. Teil 1

abbiegen (nach links ~)	kthej	[kθɛj]
abschicken (vt)	dërgoj	[dərgój]
ändern (vt)	ndryshoj	[ndryʃój]
andeuten (vt)	aludoj	[aludój]
Angst haben	kam frikë	[kam fríkə]
ankommen (vi)	arrij	[aríj]
antworten (vi)	përgjigjem	[pərɟíɟɛm]
arbeiten (vi)	punoj	[punój]
auf … zählen	mbështetem …	[mbəʃtétɛm …]
aufbewahren (vt)	mbaj	[mbáj]
aufschreiben (vt)	mbaj shënim	[mbáj ʃəním]
ausgehen (vi)	dal	[dal]
aussprechen (vt)	shqiptoj	[ʃciptój]
bedauern (vt)	pendohem	[pɛndóhɛm]
bedeuten (vt)	nënkuptoj	[nənkuptój]
beenden (vt)	përfundoj	[pərfundój]
befehlen (Milit.)	urdhëroj	[urðərój]
befreien (Stadt usw.)	çliroj	[tʃlirój]
beginnen (vt)	filloj	[fiɫój]
bemerken (vt)	vërej	[vəréj]
beobachten (vt)	vëzhgoj	[vəʒgój]
berühren (vt)	prek	[prɛk]
besitzen (vt)	zotëroj	[zotərój]
besprechen (vt)	diskutoj	[diskutój]
bestehen auf	këmbëngul	[kəmbəɲúl]
bestellen (im Restaurant)	porosis	[porosís]
bestrafen (vt)	ndëshkoj	[ndəʃkój]
beten (vi)	lutem	[lútɛm]
bitten (vt)	pyes	[pýɛs]
brechen (vt)	ndahem	[ndáhɛm]
denken (vi, vt)	mendoj	[mɛndój]
drohen (vi)	kërcënoj	[kərtsənój]
Durst haben	kam etje	[kam étjɛ]
einladen (vt)	ftoj	[ftoj]
einstellen (vt)	ndaloj	[ndalój]
einwenden (vt)	kundërshtoj	[kundərʃtój]
empfehlen (vt)	rekomandoj	[rɛkomandój]
erklären (vt)	shpjegoj	[ʃpjɛgój]
erlauben (vt)	lejoj	[lɛjój]

20

ermorden (vt)	vras	[vras]
erwähnen (vt)	përmend	[pərménd]
existieren (vi)	ekzistoj	[ɛkzistój]

14. Die wichtigsten Verben. Teil 2

fallen (vi)	bie	[bíɛ]
fallen lassen	lëshoj	[ləʃój]
fangen (vt)	kap	[kap]
finden (vt)	gjej	[ɟéj]
fliegen (vi)	fluturoj	[fluturój]

folgen (Folge mir!)	ndjek ...	[ndjék ...]
fortsetzen (vt)	vazhdoj	[vaʒdój]
fragen (vt)	pyes	[pýɛs]
frühstücken (vi)	ha mëngjes	[ha mənɟés]
geben (vt)	jap	[jap]

gefallen (vi)	pëlqej	[pəlcéj]
gehen (zu Fuß gehen)	ec në këmbë	[ɛts nə kémbə]
gehören (vi)	përkas ...	[pərkás ...]
graben (vt)	gërmoj	[gərmój]

haben (vt)	kam	[kam]
helfen (vi)	ndihmoj	[ndihmój]
herabsteigen (vi)	zbres	[zbrɛs]
hereinkommen (vi)	hyj	[hyj]

hoffen (vi)	shpresoj	[ʃprɛsój]
hören (vt)	dëgjoj	[dəɟój]
hungrig sein	kam uri	[kam urí]
informieren (vt)	informoj	[informój]
jagen (vi)	dal për gjah	[dál pər ɟáh]

kennen (vt)	njoh	[ɲóh]
klagen (vi)	ankohem	[ankóhɛm]
können (v mod)	mund	[mund]
kontrollieren (vt)	kontrolloj	[kontroɫój]
kosten (vt)	kushton	[kuʃtón]

kränken (vt)	fyej	[fýɛj]
lächeln (vi)	buzëqesh	[buzəcéʃ]
lachen (vi)	qesh	[cɛʃ]
laufen (vi)	vrapoj	[vrapój]
leiten (Betrieb usw.)	drejtoj	[drɛjtój]

lernen (vt)	studioj	[studiój]
lesen (vi, vt)	lexoj	[lɛdzój]
lieben (vt)	dashuroj	[daʃurój]
machen (vt)	bëj	[bəj]

mieten (Haus usw.)	marr me qira	[mar mɛ cirá]
nehmen (vt)	marr	[mar]
noch einmal sagen	përsëris	[pərsərís]

21

nötig sein   nevojitet   [nɛvojítɛt]
öffnen (vt)   hap   [hap]

15. Die wichtigsten Verben. Teil 3

planen (vt)   planifikoj   [planifikój]
prahlen (vi)   mburrem   [mbúrɛm]
raten (vt)   këshilloj   [kəʃiɫój]
rechnen (vt)   numëroj   [numərój]
reservieren (vt)   rezervoj   [rɛzɛrvój]

retten (vt)   shpëtoj   [ʃpətój]
richtig raten (vt)   hamendësoj   [hamɛndəsój]
rufen (um Hilfe ~)   thërras   [θərás]
sagen (vt)   them   [θɛm]
schaffen (Etwas Neues zu ~) krijoj   [krijój]

schelten (vt)   qortoj   [cortój]
schießen (vi)   qëlloj   [cəɫój]
schmücken (vt)   zbukuroj   [zbukurój]
schreiben (vi, vt)   shkruaj   [ʃkrúaj]
schreien (vi)   bërtas   [bərtás]

schweigen (vi)   hesht   [hɛʃt]
schwimmen (vi)   notoj   [notój]
schwimmen gehen   notoj   [notój]
sehen (vi, vt)   shikoj   [ʃikój]

sein (vi)   jam   [jam]
sich beeilen   nxitoj   [ndzitój]
sich entschuldigen   kërkoj falje   [kərkój fáljɛ]

sich interessieren   interesohem ...   [intɛrɛsóhɛm ...]
sich irren   gaboj   [gabój]
sich setzen   ulem   [úlɛm]
sich weigern   refuzoj   [rɛfuzój]
spielen (vi, vt)   luaj   [lúaj]

sprechen (vi)   flas   [flas]
staunen (vi)   çuditem   [tʃudítɛm]
stehlen (vt)   vjedh   [vjɛð]
stoppen (vt)   ndaloj   [ndalój]
suchen (vt)   kërkoj ...   [kərkój ...]

16. Die wichtigsten Verben. Teil 4

täuschen (vt)   mashtroj   [maʃtrój]
teilnehmen (vi)   marr pjesë   [mar pjésə]
übersetzen (Buch usw.) përkthej   [pərkθéj]
unterschätzen (vt)   nënvlerësoj   [nənvlɛrəsój]
unterschreiben (vt)   nënshkruaj   [nənʃkrúaj]
vereinigen (vt)   bashkoj   [baʃkój]

vergessen (vt)	harroj	[harój]
vergleichen (vt)	krahasoj	[krahasój]
verkaufen (vt)	shes	[ʃɛs]
verlangen (vt)	kërkoj	[kərkój]
versäumen (vt)	humbas	[humbás]
versprechen (vt)	premtoj	[prɛmtój]
verstecken (vt)	fsheh	[fʃéh]
verstehen (vt)	kuptoj	[kuptój]
versuchen (vt)	përpiqem	[pərpícɛm]
verteidigen (vt)	mbroj	[mbrój]
vertrauen (vi)	besoj	[bɛsój]
verwechseln (vt)	ngatërroj	[ŋatərój]
verzeihen (vi, vt)	fal	[fal]
verzeihen (vt)	fal	[fal]
voraussehen (vt)	parashikoj	[paraʃikój]
vorschlagen (vt)	propozoj	[propozój]
vorziehen (vt)	preferoj	[prɛfɛrój]
wählen (vt)	zgjedh	[zɟɛð]
warnen (vt)	paralajmëroj	[paralajmərój]
warten (vi)	pres	[prɛs]
weinen (vi)	qaj	[caj]
wissen (vt)	di	[di]
Witz machen	bëj shaka	[bəj ʃaká]
wollen (vt)	dëshiroj	[dəʃirój]
zahlen (vt)	paguaj	[pagúaj]
zeigen (jemandem etwas)	tregoj	[trɛgój]
zu Abend essen	ha darkë	[ha dárkə]
zu Mittag essen	ha drekë	[ha drékə]
zubereiten (vt)	gatuaj	[gatúaj]
zustimmen (vi)	bie dakord	[bíɛ dakórd]
zweifeln (vi)	dyshoj	[dyʃój]

ZEIT. KALENDER

17. Wochentage

Montag (m)	E hënë (f)	[ɛ hénə]
Dienstag (m)	E martë (f)	[ɛ mártə]
Mittwoch (m)	E mërkurë (f)	[ɛ mərkúrə]
Donnerstag (m)	E enjte (f)	[ɛ éɲtɛ]
Freitag (m)	E premte (f)	[ɛ prémtɛ]
Samstag (m)	E shtunë (f)	[ɛ ʃtúnə]
Sonntag (m)	E dielë (f)	[ɛ díɛlə]

heute	sot	[sot]
morgen	nesër	[nésər]
übermorgen	pasnesër	[pasnésər]
gestern	dje	[djé]
vorgestern	pardje	[pardjé]

Tag (m)	ditë (f)	[dítə]
Arbeitstag (m)	ditë pune (f)	[dítə púnɛ]
Feiertag (m)	festë kombëtare (f)	[féstə kombətárɛ]
freier Tag (m)	ditë pushim (m)	[dítə puʃím]
Wochenende (n)	fundjavë (f)	[fundjávə]

den ganzen Tag	gjithë ditën	[ɟíθə dítən]
am nächsten Tag	ditën pasardhëse	[dítən pasárðəsɛ]
zwei Tage vorher	dy ditë më parë	[dy dítə mə párə]
am Vortag	një ditë më parë	[ɲə dítə mə párə]
täglich (Adj)	ditor	[ditór]
täglich (Adv)	çdo ditë	[tʃdo dítə]

Woche (f)	javë (f)	[jávə]
letzte Woche	javën e kaluar	[jávən ɛ kalúar]
nächste Woche	javën e ardhshme	[jávən ɛ árðʃmɛ]
wöchentlich (Adj)	javor	[javór]
wöchentlich (Adv)	çdo javë	[tʃdo jávə]
zweimal pro Woche	dy herë në javë	[dy hérə nə jávə]
jeden Dienstag	çdo të martë	[tʃdo tə mártə]

18. Stunden. Tag und Nacht

Morgen (m)	mëngjes (m)	[mənɟés]
morgens	në mëngjes	[nə mənɟés]
Mittag (m)	mesditë (f)	[mɛsdítə]
nachmittags	pasdite	[pasdítɛ]

Abend (m)	mbrëmje (f)	[mbrémjɛ]
abends	në mbrëmje	[nə mbrémjɛ]

Nacht (f)	natë (f)	[nátə]
nachts	natën	[nátən]
Mitternacht (f)	mesnatë (f)	[mɛsnátə]

Sekunde (f)	sekondë (f)	[sɛkóndə]
Minute (f)	minutë (f)	[minútə]
Stunde (f)	orë (f)	[órə]
eine halbe Stunde	gjysmë ore (f)	[ɟýsmə órɛ]
Viertelstunde (f)	çerek ore (m)	[tʃɛrék órɛ]
fünfzehn Minuten	pesëmbëdhjetë minuta	[pɛsəmbəðjétə minúta]
Tag und Nacht	24 orë	[ɲəzét ɛ kátər órə]

Sonnenaufgang (m)	agim (m)	[agím]
Morgendämmerung (f)	agim (m)	[agím]
früher Morgen (m)	mëngjes herët (m)	[mənɟés hérət]
Sonnenuntergang (m)	perëndim dielli (m)	[pɛrəndím diéɬi]

früh am Morgen	herët në mëngjes	[hérət nə mənɟés]
heute Morgen	sot në mëngjes	[sot nə mənɟés]
morgen früh	nesër në mëngjes	[nésər nə mənɟés]

heute Mittag	sot pasdite	[sot pasdítɛ]
nachmittags	pasdite	[pasdítɛ]
morgen Nachmittag	nesër pasdite	[nésər pasdítɛ]

heute Abend	sonte në mbrëmje	[sóntɛ nə mbrəmjɛ]
morgen Abend	nesër në mbrëmje	[nésər nə mbrémjɛ]

Punkt drei Uhr	në orën 3 fiks	[nə órən trɛ fiks]
gegen vier Uhr	rreth orës 4	[rɛθ órəs kátər]
um zwölf Uhr	deri në orën 12	[déri nə órən dymbəðjétə]

in zwanzig Minuten	për 20 minuta	[pər ɲəzét minúta]
in einer Stunde	për një orë	[pər ɲə órə]
rechtzeitig (Adv)	në orar	[nə orár]

Viertel vor ...	çerek ...	[tʃɛrék ...]
innerhalb einer Stunde	brenda një ore	[brénda ɲə órɛ]
alle fünfzehn Minuten	çdo 15 minuta	[tʃdo pɛsəmbəðjétə minúta]
Tag und Nacht	gjithë ditën	[ɟíθə dítən]

19. Monate. Jahreszeiten

Januar (m)	Janar (m)	[janár]
Februar (m)	Shkurt (m)	[ʃkurt]
März (m)	Mars (m)	[mars]
April (m)	Prill (m)	[priɬ]
Mai (m)	Maj (m)	[maj]
Juni (m)	Qershor (m)	[cɛrʃór]

Juli (m)	Korrik (m)	[korík]
August (m)	Gusht (m)	[guʃt]
September (m)	Shtator (m)	[ʃtatór]
Oktober (m)	Tetor (m)	[tɛtór]

| November (m) | Nëntor (m) | [nəntór] |
| Dezember (m) | Dhjetor (m) | [ðjɛtór] |

Frühling (m)	pranverë (f)	[pranvérə]
im Frühling	në pranverë	[nə pranvérə]
Frühlings-	pranveror	[pranvɛrór]

Sommer (m)	verë (f)	[vérə]
im Sommer	në verë	[nə vérə]
Sommer-	veror	[vɛrór]

Herbst (m)	vjeshtë (f)	[vjéʃtə]
im Herbst	në vjeshtë	[nə vjéʃtə]
Herbst-	vjeshtor	[vjéʃtor]

Winter (m)	dimër (m)	[dímər]
im Winter	në dimër	[nə dímər]
Winter-	dimëror	[dimərór]

Monat (m)	muaj (m)	[múaj]
in diesem Monat	këtë muaj	[kətə múaj]
nächsten Monat	muajin tjetër	[múajin tjétər]
letzten Monat	muajin e kaluar	[múajin ɛ kalúar]
vor einem Monat	para një muaji	[pára ɲə múaji]
über eine Monat	pas një muaji	[pas ɲə múaji]
in zwei Monaten	pas dy muajsh	[pas dy múajʃ]
den ganzen Monat	gjatë gjithë muajit	[ɟátə ɟíθə múajit]

monatlich (Adj)	mujor	[mujór]
monatlich (Adv)	mujor	[mujór]
jeden Monat	çdo muaj	[tʃdo múaj]
zweimal pro Monat	dy herë në muaj	[dy hérə nə múaj]

Jahr (n)	vit (m)	[vit]
dieses Jahr	këtë vit	[kətə vít]
nächstes Jahr	vitin tjetër	[vítin tjétər]
voriges Jahr	vitin e kaluar	[vítin ɛ kalúar]

vor einem Jahr	para një viti	[pára ɲə víti]
in einem Jahr	për një vit	[pər ɲə vit]
in zwei Jahren	për dy vite	[pər dy vítɛ]
das ganze Jahr	gjatë gjithë vitit	[ɟátə ɟíθə vítit]

jedes Jahr	çdo vit	[tʃdo vít]
jährlich (Adj)	vjetor	[vjɛtór]
jährlich (Adv)	çdo vit	[tʃdo vít]
viermal pro Jahr	4 herë në vit	[kátər hérə nə vit]

Datum (heutige ~)	datë (f)	[dátə]
Datum (Geburts-)	data (f)	[dáta]
Kalender (m)	kalendar (m)	[kalɛndár]

ein halbes Jahr	gjysmë viti	[ɟýsmə víti]
Halbjahr (n)	gjashtë muaj	[ɟáʃtə múaj]
Saison (f)	stinë (f)	[stínə]
Jahrhundert (n)	shekull (m)	[ʃékuɫ]

REISEN. HOTEL

20. Ausflug. Reisen

Tourismus (m)	turizëm (m)	[turízəm]
Tourist (m)	turist (m)	[turíst]
Reise (f)	udhëtim (m)	[uðətím]
Abenteuer (n)	aventurë (f)	[avɛntúrə]
Fahrt (f)	udhëtim (m)	[uðətím]
Urlaub (m)	pushim (m)	[puʃím]
auf Urlaub sein	jam me pushime	[jam mɛ puʃímɛ]
Erholung (f)	pushim (m)	[puʃím]
Zug (m)	tren (m)	[trɛn]
mit dem Zug	me tren	[mɛ trén]
Flugzeug (n)	avion (m)	[avión]
mit dem Flugzeug	me avion	[mɛ avión]
mit dem Auto	me makinë	[mɛ makínə]
mit dem Schiff	me anije	[mɛ aníjɛ]
Gepäck (n)	bagazh (m)	[bagáʒ]
Koffer (m)	valixhe (f)	[valídʒɛ]
Gepäckwagen (m)	karrocë bagazhesh (f)	[karótsə bagáʒɛʃ]
Pass (m)	pasaportë (f)	[pasapórtə]
Visum (n)	vizë (f)	[vízə]
Fahrkarte (f)	biletë (f)	[bilétə]
Flugticket (n)	biletë avioni (f)	[bilétə avióni]
Reiseführer (m)	guidë turistike (f)	[guídə turistíkɛ]
Landkarte (f)	hartë (f)	[hártə]
Gegend (f)	zonë (f)	[zónə]
Ort (wunderbarer ~)	vend (m)	[vɛnd]
Exotika (pl)	ekzotikë (f)	[ɛkzotíkə]
exotisch	ekzotik	[ɛkzotík]
erstaunlich (Adj)	mahnitëse	[mahnítəsɛ]
Gruppe (f)	grup (m)	[grup]
Ausflug (m)	ekskursion (m)	[ɛkskursión]
Reiseleiter (m)	udhërrëfyes (m)	[uðərəfýɛs]

21. Hotel

Hotel (n), Gasthaus (n)	hotel (m)	[hotél]
Motel (n)	motel (m)	[motél]
drei Sterne	me tre yje	[mɛ trɛ ýjɛ]

| fünf Sterne | me pesë yje | [mɛ pésə ýjɛ] |
| absteigen (vi) | qëndroj | [cəndrój] |

Hotelzimmer (n)	dhomë (f)	[ðómə]
Einzelzimmer (n)	dhomë teke (f)	[ðómə tékɛ]
Zweibettzimmer (n)	dhomë dyshe (f)	[ðómə dýʃɛ]
reservieren (vt)	rezervoj një dhomë	[rɛzɛrvój ɲə ðómə]

| Halbpension (f) | gjysmë-pension (m) | [ɟýsmə-pɛnsión] |
| Vollpension (f) | pension i plotë (m) | [pɛnsión i plótə] |

mit Bad	me banjo	[mɛ báɲo]
mit Dusche	me dush	[mɛ dúʃ]
Satellitenfernsehen (n)	televizor satelitor (m)	[tɛlɛvizór satɛlitór]
Klimaanlage (f)	kondicioner (m)	[konditsionér]
Handtuch (n)	peshqir (m)	[pɛʃcír]
Schlüssel (m)	çelës (m)	[tʃéləs]

Verwalter (m)	administrator (m)	[administratór]
Zimmermädchen (n)	pastruese (f)	[pastrúɛsɛ]
Träger (m)	portier (m)	[portiér]
Portier (m)	portier (m)	[portiér]

Restaurant (n)	restorant (m)	[rɛstoránt]
Bar (f)	pab (m), pijetore (f)	[pab], [pijɛtórɛ]
Frühstück (n)	mëngjes (m)	[mənɟés]
Abendessen (n)	darkë (f)	[dárkə]
Buffet (n)	bufe (f)	[bufé]

| Foyer (n) | holl (m) | [hoɫ] |
| Aufzug (m), Fahrstuhl (m) | ashensor (m) | [aʃɛnsór] |

| BITTE NICHT STÖREN! | MOS SHQETËSONI | [mos ʃcɛtəsóni] |
| RAUCHEN VERBOTEN! | NDALOHET DUHANI | [ndalóhɛt duháni] |

22. Sehenswürdigkeiten

Denkmal (n)	monument (m)	[monumént]
Festung (f)	kala (f)	[kalá]
Palast (m)	pallat (m)	[paɫát]
Schloss (n)	kështjellë (f)	[kəʃtjéɫə]
Turm (m)	kullë (f)	[kúɫə]
Mausoleum (n)	mauzoleum (m)	[mauzolɛúm]

Architektur (f)	arkitekturë (f)	[arkitɛktúrə]
mittelalterlich	mesjetare	[mɛsjɛtárɛ]
alt (antik)	e lashtë	[ɛ láʃtə]
national	kombëtare	[kombətárɛ]
berühmt	i famshëm	[i fámʃəm]

Tourist (m)	turist (m)	[turíst]
Fremdenführer (m)	udhërrëfyes (m)	[uðərəfýɛs]
Ausflug (m)	ekskursion (m)	[ɛkskursión]
zeigen (vt)	tregoj	[trɛgój]

erzählen (vt)	dëftoj	[dəftój]
finden (vt)	gjej	[ɟéj]
sich verlieren	humbas	[humbás]
Karte (U-Bahn ~)	hartë (f)	[hártə]
Karte (Stadt-)	hartë (f)	[hártə]

Souvenir (n)	suvenir (m)	[suvɛnír]
Souvenirladen (m)	dyqan dhuratash (m)	[dycán ðúrátaʃ]
fotografieren (vt)	bëj foto	[bəj fóto]
sich fotografieren	bëj fotografi	[bəj fotografí]

TRANSPORT

23. Flughafen

Flughafen (m)	aeroport (m)	[aɛropórt]
Flugzeug (n)	avion (m)	[avión]
Fluggesellschaft (f)	kompani ajrore (f)	[kompaní ajrórɛ]
Fluglotse (m)	kontroll i trafikut ajror (m)	[kontróɫ i trafíkut ajrór]

Abflug (m)	nisje (f)	[nísjɛ]
Ankunft (f)	arritje (f)	[arítjɛ]
anfliegen (vi)	arrij me avion	[aríj mɛ avión]

| Abflugzeit (f) | nisja (f) | [nísja] |
| Ankunftszeit (f) | arritja (f) | [arítja] |

| sich verspäten | vonesë | [vonésə] |
| Abflugverspätung (f) | vonesë avioni (f) | [vonésə avióni] |

Anzeigetafel (f)	ekrani i informacioneve (m)	[ɛkráni i informatsiónɛvɛ]
Information (f)	informacion (m)	[informatsión]
ankündigen (vt)	njoftoj	[ɲoftój]
Flug (m)	fluturim (m)	[fluturím]

| Zollamt (n) | doganë (f) | [dogánə] |
| Zollbeamter (m) | doganier (m) | [doganiér] |

Zolldeklaration (f)	deklarim doganor (m)	[dɛklarím doganór]
ausfüllen (vt)	plotësoj	[plotəsój]
die Zollerklärung ausfüllen	plotësoj deklaratën	[plotəsój dɛklarátən]
Passkontrolle (f)	kontroll pasaportash (m)	[kontróɫ pasapórtaʃ]

Gepäck (n)	bagazh (m)	[bagáʒ]
Handgepäck (n)	bagazh dore (m)	[bagáʒ dórɛ]
Kofferkuli (m)	karrocë bagazhesh (f)	[karótsə bagáʒɛʃ]

Landung (f)	aterrim (m)	[atɛrím]
Landebahn (f)	pistë aterrimi (f)	[pístə atɛrími]
landen (vi)	aterroj	[atɛrój]
Fluggasttreppe (f)	shkallë avioni (f)	[ʃkáɫə avióni]

Check-in (n)	regjistrim (m)	[rɛɟistrím]
Check-in-Schalter (m)	sportel regjistrimi (m)	[sportél rɛɟistrími]
sich registrieren lassen	regjistrohem	[rɛɟistróhɛm]
Bordkarte (f)	biletë e hyrjes (f)	[bilétə ɛ hýrjɛs]
Abfluggate (n)	porta e nisjes (f)	[pórta ɛ nísjɛs]

Transit (m)	transit (m)	[transít]
warten (vi)	pres	[prɛs]
Wartesaal (m)	salla e nisjes (f)	[sáɫa ɛ nísjɛs]

| begleiten (vt) | përcjell | [pərtsjéł] |
| sich verabschieden | përshëndetem | [pərʃəndétɛm] |

24. Flugzeug

Flugzeug (n)	avion (m)	[avión]
Flugticket (n)	biletë avioni (f)	[bilétə avióni]
Fluggesellschaft (f)	kompani ajrore (f)	[kompaní ajrórɛ]
Flughafen (m)	aeroport (m)	[aɛropórt]
Überschall-	supersonik	[supɛrsoník]

Flugkapitän (m)	kapiten (m)	[kapitén]
Besatzung (f)	ekip (m)	[ɛkíp]
Pilot (m)	pilot (m)	[pilót]
Flugbegleiterin (f)	stjuardesë (f)	[stjuardésə]
Steuermann (m)	navigues (m)	[navigúɛs]

Flügel (pl)	krahë (pl)	[kráhə]
Schwanz (m)	bisht (m)	[biʃt]
Kabine (f)	kabinë (f)	[kabínə]
Motor (m)	motor (m)	[motór]
Fahrgestell (n)	karrel (m)	[karél]
Turbine (f)	turbinë (f)	[turbínə]
Propeller (m)	helikë (f)	[hɛlíkə]
Flugschreiber (m)	kuti e zezë (f)	[kutí ɛ zézə]
Steuerrad (n)	timon (m)	[timón]
Treibstoff (m)	karburant (m)	[karburánt]

Sicherheitskarte (f)	udhëzime sigurie (pl)	[uðəzímɛ siguríɛ]
Sauerstoffmaske (f)	maskë oksigjeni (f)	[máskə oksiɟéni]
Uniform (f)	uniformë (f)	[unifórmə]
Rettungsweste (f)	jelek shpëtimi (m)	[jɛlék ʃpətími]
Fallschirm (m)	parashutë (f)	[paraʃútə]
Abflug, Start (m)	ngritje (f)	[ŋrítjɛ]
starten (vi)	fluturon	[fluturón]
Startbahn (f)	pista e fluturimit (f)	[písta ɛ fluturímit]

Sicht (f)	shikueshmëri (f)	[ʃikuɛʃmərí]
Flug (m)	fluturim (m)	[fluturím]
Höhe (f)	lartësi (f)	[lartəsí]
Luftloch (n)	xhep ajri (m)	[dʒɛp ájri]

Platz (m)	karrige (f)	[karígɛ]
Kopfhörer (m)	kufje (f)	[kúfjɛ]
Klapptisch (m)	tabaka (f)	[tabaká]
Bullauge (n)	dritare avioni (f)	[dritárɛ avióni]
Durchgang (m)	korridor (m)	[koridór]

25. Zug

| Zug (m) | tren (m) | [trɛn] |
| elektrischer Zug (m) | tren elektrik (m) | [trɛn ɛlɛktrík] |

Schnellzug (m)	tren ekspres (m)	[trɛn ɛksprés]
Diesellok (f)	lokomotivë me naftë (f)	[lokomótivə mɛ náftə]
Dampflok (f)	lokomotivë me avull (f)	[lokomótivə mɛ ávuɫ]

| Personenwagen (m) | vagon (m) | [vagón] |
| Speisewagen (m) | vagon restorant (m) | [vagón rɛstoránt] |

Schienen (pl)	shina (pl)	[ʃína]
Eisenbahn (f)	hekurudhë (f)	[hɛkurúðə]
Bahnschwelle (f)	traversë (f)	[travérsə]

Bahnsteig (m)	platformë (f)	[platfórmə]
Gleis (n)	binar (m)	[binár]
Eisenbahnsignal (n)	semafor (m)	[sɛmafór]
Station (f)	stacion (m)	[statsión]
Lokomotivführer (m)	makinist (m)	[makiníst]
Träger (m)	portier (m)	[portiér]
Schaffner (m)	konduktor (m)	[konduktór]
Fahrgast (m)	pasagjer (m)	[pasaɟér]
Fahrkartenkontrolleur (m)	konduktor (m)	[konduktór]

| Flur (m) | korridor (m) | [koridór] |
| Notbremse (f) | frena urgjence (f) | [fréna urɟéntsɛ] |

Abteil (n)	ndarje (f)	[ndárjɛ]
Liegeplatz (m), Schlafkoje (f)	kat (m)	[kat]
oberer Liegeplatz (m)	kati i sipërm (m)	[káti i sípərm]
unterer Liegeplatz (m)	kati i poshtëm (m)	[káti i póʃtəm]
Bettwäsche (f)	shtroje shtrati (pl)	[ʃtrójɛ ʃtráti]
Fahrkarte (f)	biletë (f)	[bilétə]
Fahrplan (m)	orar (m)	[orár]
Anzeigetafel (f)	tabelë e informatave (f)	[tabélə ɛ informátavɛ]

abfahren (der Zug)	niset	[nísɛt]
Abfahrt (f)	nisje (f)	[nísjɛ]
ankommen (der Zug)	arrij	[aríj]
Ankunft (f)	arritje (f)	[arítjɛ]

mit dem Zug kommen	arrij me tren	[aríj mɛ trɛn]
in den Zug einsteigen	hip në tren	[hip nə trén]
aus dem Zug aussteigen	zbres nga treni	[zbrɛs ŋa tréni]

| Zugunglück (n) | aksident hekurudhor (m) | [aksidént hɛkuruðór] |
| entgleisen (vi) | del nga shinat | [dɛl ŋa ʃínat] |

Dampflok (f)	lokomotivë me avull (f)	[lokomótivə mɛ ávuɫ]
Heizer (m)	mbikëqyrës i zjarrit (m)	[mbikəcýrəs i zjárit]
Feuerbüchse (f)	furrë (f)	[fúrə]
Kohle (f)	qymyr (m)	[cymýr]

26. Schiff

| Schiff (n) | anije (f) | [aníjɛ] |
| Fahrzeug (n) | mjet lundrues (m) | [mjét lundrúɛs] |

Dampfer (m)	anije me avull (f)	[aníjɛ mɛ ávuɫ]
Motorschiff (n)	anije lumi (f)	[aníjɛ lúmi]
Kreuzfahrtschiff (n)	krocierë (f)	[krotsiérə]
Kreuzer (m)	anije luftarake (f)	[aníjɛ luftarákɛ]

Jacht (f)	jaht (m)	[jáht]
Schlepper (m)	anije rimorkiuese (f)	[aníjɛ rimorkiúɛsɛ]
Lastkahn (m)	anije transportuese (f)	[aníjɛ transportúɛsɛ]
Fähre (f)	traget (m)	[tragét]

| Segelschiff (n) | anije me vela (f) | [aníjɛ mɛ véla] |
| Brigantine (f) | brigantinë (f) | [brigantínə] |

| Eisbrecher (m) | akullthyese (f) | [akuɫθýɛsɛ] |
| U-Boot (n) | nëndetëse (f) | [nəndétəsɛ] |

Boot (n)	barkë (f)	[bárkə]
Dingi (n), Beiboot (n)	gomone (f)	[gomónɛ]
Rettungsboot (n)	varkë shpëtimi (f)	[várkə ʃpətími]
Motorboot (n)	skaf (m)	[skaf]

Kapitän (m)	kapiten (m)	[kapitén]
Matrose (m)	marinar (m)	[marinár]
Seemann (m)	marinar (m)	[marinár]
Besatzung (f)	ekip (m)	[ɛkíp]

Bootsmann (m)	kryemarinar (m)	[kryɛmarinár]
Schiffsjunge (m)	djali i anijes (m)	[djáli i aníjɛs]
Schiffskoch (m)	kuzhinier (m)	[kuʒiniér]
Schiffsarzt (m)	doktori i anijes (m)	[doktóri i aníjɛs]

Deck (n)	kuverta (f)	[kuvérta]
Mast (m)	direk (m)	[dirék]
Segel (n)	vela (f)	[véla]

Schiffsraum (m)	bagazh (m)	[bagáʒ]
Bug (m)	harku sipëror (m)	[hárku sipərór]
Heck (n)	pjesa e pasme (f)	[pjésa ɛ pásmɛ]
Ruder (n)	rrem (m)	[rɛm]
Schraube (f)	helikë (f)	[hɛlíkə]

Kajüte (f)	kabinë (f)	[kabínə]
Messe (f)	zyrë e oficerëve (m)	[zýrə ɛ ofitsérəvɛ]
Maschinenraum (m)	salla e motorit (m)	[sáɫa ɛ motórit]
Kommandobrücke (f)	urë komanduese (f)	[úrə komandúɛsɛ]
Funkraum (m)	kabina radiotelegrafike (f)	[kabína radiotɛlɛgrafíkɛ]
Radiowelle (f)	valë (f)	[válə]
Schiffstagebuch (n)	libri i shënimeve (m)	[líbri i ʃənímɛvɛ]

Fernrohr (n)	dylbi (f)	[dylbí]
Glocke (f)	këmbanë (f)	[kəmbánə]
Fahne (f)	flamur (m)	[flamúr]

Seil (n)	pallamar (m)	[paɫamár]
Knoten (m)	nyjë (f)	[nýjə]
Geländer (n)	parmakë (pl)	[parmákə]

Treppe (f)	shkallë (f)	[ʃkáɫə]
Anker (m)	spirancë (f)	[spirántsə]
den Anker lichten	ngre spirancën	[ŋré spirántsən]
Anker werfen	hedh spirancën	[hɛð spirántsən]
Ankerkette (f)	zinxhir i spirancës (m)	[zindʒír i spirántsəs]

Hafen (m)	port (m)	[port]
Anlegestelle (f)	skelë (f)	[skélə]
anlegen (vi)	ankoroj	[ankorój]
abstoßen (vt)	niset	[nísɛt]

Reise (f)	udhëtim (m)	[uðətím]
Kreuzfahrt (f)	udhëtim me krocierë (f)	[uðətím mɛ krotsiérə]
Kurs (m), Richtung (f)	kursi i udhëtimit (m)	[kúrsi i uðətímit]
Reiseroute (f)	itinerar (m)	[itinɛrár]

Fahrwasser (n)	ujëra të lundrueshme (f)	[újəra tə lundrúɛʃmɛ]
Untiefe (f)	cekëtinë (f)	[tsɛkətínə]
stranden (vi)	bllokohet në rërë	[bɫokóhɛt nə rərə]

Sturm (m)	stuhi (f)	[stuhí]
Signal (n)	sinjal (m)	[siɲál]
untergehen (vi)	fundoset	[fundósɛt]
Mann über Bord!	Njeri në det!	[ɲɛrí nə dɛt!]
SOS	SOS (m)	[sos]
Rettungsring (m)	bovë shpëtuese (f)	[bóvə ʃpətúɛsɛ]

STADT

27. Innerstädtischer Transport

Bus (m)	autobus (m)	[autobús]
Straßenbahn (f)	tramvaj (m)	[tramváj]
Obus (m)	autobus tramvaj (m)	[autobús tramváj]
Linie (f)	itinerar (m)	[itinɛrár]
Nummer (f)	numër (m)	[númər]

mit … fahren	udhëtoj me …	[uðətój mɛ …]
einsteigen (vi)	hip	[hip]
aussteigen (aus dem Bus)	zbres …	[zbrɛs …]

Haltestelle (f)	stacion (m)	[statsión]
nächste Haltestelle (f)	stacioni tjetër (m)	[statsióni tjétər]
Endhaltestelle (f)	terminal (m)	[tɛrminál]
Fahrplan (m)	orar (m)	[orár]
warten (vi, vt)	pres	[prɛs]

Fahrkarte (f)	biletë (f)	[bilétə]
Fahrpreis (m)	çmim bilete (m)	[tʃmím bilétɛ]

Kassierer (m)	shitës biletash (m)	[ʃítəs bilétaʃ]
Fahrkartenkontrolle (f)	kontroll biletash (m)	[kontrółł bilétaʃ]
Fahrkartenkontrolleur (m)	kontrollues biletash (m)	[kontrołúɛs bilétaʃ]

sich verspäten	vonohem	[vonóhɛm]
versäumen (Zug usw.)	humbas	[humbás]
sich beeilen	nxitoj	[ndzitój]

Taxi (n)	taksi (m)	[táksi]
Taxifahrer (m)	shofer taksie (m)	[ʃofér taksíɛ]
mit dem Taxi	me taksi	[mɛ táksi]
Taxistand (m)	stacion taksish (m)	[statsión táksiʃ]
ein Taxi rufen	thërras taksi	[θərás táksi]
ein Taxi nehmen	marr taksi	[mar táksi]

Straßenverkehr (m)	trafik (m)	[trafík]
Stau (m)	bllokim trafiku (m)	[błokím trafíku]
Hauptverkehrszeit (f)	orë e trafikut të rëndë (f)	[órə ɛ trafíkut tə rəndə]
parken (vi)	parkoj	[parkój]
parken (vt)	parkim	[parkím]
Parkplatz (m)	parking (m)	[parkíŋ]

U-Bahn (f)	metro (f)	[mɛtró]
Station (f)	stacion (m)	[statsión]
mit der U-Bahn fahren	shkoj me metro	[ʃkoj mɛ métro]
Zug (m)	tren (m)	[trɛn]
Bahnhof (m)	stacion treni (m)	[statsión tréni]

28. Stadt. Leben in der Stadt

Stadt (f)	qytet (m)	[cytét]
Hauptstadt (f)	kryeqytet (m)	[kryɛcytét]
Dorf (n)	fshat (m)	[ffát]

Stadtplan (m)	hartë e qytetit (f)	[hártə ɛ cytétit]
Stadtzentrum (n)	qendër e qytetit (f)	[céndər ɛ cytétit]
Vorort (m)	periferi (f)	[pɛrifɛrí]
Vorort-	periferik	[pɛrifɛrík]

Stadtrand (m)	periferia (f)	[pɛrifɛría]
Umgebung (f)	periferia (f)	[pɛrifɛría]
Stadtviertel (n)	bllok pallatesh (m)	[bɫók paɫátɛʃ]
Wohnblock (m)	bllok banimi (m)	[bɫók baními]

Straßenverkehr (m)	trafik (m)	[trafík]
Ampel (f)	semafor (m)	[sɛmafór]
Stadtverkehr (m)	transport publik (m)	[transpórt publík]
Straßenkreuzung (f)	kryqëzim (m)	[krycəzím]

Übergang (m)	kalim për këmbësorë (m)	[kalím pər kəmbəsórə]
Fußgängerunterführung (f)	nënkalim për këmbësorë (m)	[nənkalím pər kəmbəsórə]
überqueren (vt)	kapërcej	[kapərtséj]
Fußgänger (m)	këmbësor (m)	[kəmbəsór]
Gehweg (m)	trotuar (m)	[trotuár]

Brücke (f)	urë (f)	[úrə]
Kai (m)	breg lumi (m)	[brɛg lúmi]
Springbrunnen (m)	shatërvan (m)	[ʃatərván]

Allee (f)	rrugëz (m)	[rúgəz]
Park (m)	park (m)	[park]
Boulevard (m)	bulevard (m)	[bulɛvárd]
Platz (m)	shesh (m)	[ʃɛʃ]
Avenue (f)	bulevard (m)	[bulɛvárd]
Straße (f)	rrugë (f)	[rúgə]
Gasse (f)	rrugë dytësore (f)	[rúgə dytəsórɛ]
Sackgasse (f)	rrugë pa krye (f)	[rúgə pa krýɛ]

Haus (n)	shtëpi (f)	[ʃtəpí]
Gebäude (n)	ndërtesë (f)	[ndərtésə]
Wolkenkratzer (m)	qiellgërvishtës (m)	[ciɛɫgərvíʃtəs]

Fassade (f)	fasadë (f)	[fasádə]
Dach (n)	çati (f)	[tʃatí]
Fenster (n)	dritare (f)	[dritárɛ]
Bogen (m)	hark (m)	[hárk]
Säule (f)	kolonë (f)	[kolónə]
Ecke (f)	kënd (m)	[kənd]

Schaufenster (n)	vitrinë (f)	[vitrínə]
Firmenschild (n)	tabelë (f)	[tabélə]
Anschlag (m)	poster (m)	[postér]
Werbeposter (m)	afishe reklamuese (f)	[afíʃɛ rɛklamúɛsɛ]

Werbeschild (n)	tabelë reklamash (f)	[tabélə rɛklámaʃ]
Müll (m)	plehra (f)	[pléhra]
Mülleimer (m)	kosh plehrash (m)	[koʃ pléhraʃ]
Abfall wegwerfen	hedh mbeturina	[hɛð mbɛturína]
Mülldeponie (f)	deponi plehrash (f)	[dɛponí pléhraʃ]

Telefonzelle (f)	kabinë telefonike (f)	[kabínə tɛlɛfoníkɛ]
Straßenlaterne (f)	shtyllë dritash (f)	[ʃtýłə drítaʃ]
Bank (Park-)	stol (m)	[stol]

Polizist (m)	polic (m)	[políts]
Polizei (f)	polici (f)	[politsí]
Bettler (m)	lypës (m)	[lýpəs]
Obdachlose (m)	i pastrehë (m)	[i pastréhə]

29. Innerstädtische Einrichtungen

Laden (m)	dyqan (m)	[dycán]
Apotheke (f)	farmaci (f)	[farmatsí]
Optik (f)	optikë (f)	[optíkə]
Einkaufszentrum (n)	qendër tregtare (f)	[céndər trɛgtárɛ]
Supermarkt (m)	supermarket (m)	[supɛrmarkét]

Bäckerei (f)	furrë (f)	[fúrə]
Bäcker (m)	furrtar (m)	[furtár]
Konditorei (f)	pastiçeri (f)	[pastitʃɛrí]
Lebensmittelladen (m)	dyqan ushqimor (m)	[dycán uʃcimór]
Metzgerei (f)	dyqan mishi (m)	[dycán míʃi]

| Gemüseladen (m) | dyqan fruta-perimesh (m) | [dycán frúta-pɛrímɛʃ] |
| Markt (m) | treg (m) | [trɛg] |

Kaffeehaus (n)	kafene (f)	[kafɛné]
Restaurant (n)	restorant (m)	[rɛstoránt]
Bierstube (f)	pab (m), pijetore (f)	[pab], [pijɛtórɛ]
Pizzeria (f)	piceri (f)	[pitsɛrí]

Friseursalon (m)	parukeri (f)	[parukɛrí]
Post (f)	zyrë postare (f)	[zýrə postárɛ]
chemische Reinigung (f)	pastrim kimik (m)	[pastrím kimík]
Fotostudio (n)	studio fotografike (f)	[stúdio fotografíkɛ]

Schuhgeschäft (n)	dyqan këpucësh (m)	[dycán kəpútsəʃ]
Buchhandlung (f)	librari (f)	[librarí]
Sportgeschäft (n)	dyqan me mallra sportivë (m)	[dycán mɛ máłra sportívə]

Kleiderreparatur (f)	rrobaqepësi (f)	[robacɛpəsí]
Bekleidungsverleih (m)	dyqan veshjesh me qira (m)	[dycán véʃjeʃ mɛ cirá]
Videothek (f)	dyqan videosh me qira (m)	[dycán vídeoʃ mɛ cirá]

Zirkus (m)	cirk (m)	[tsírk]
Zoo (m)	kopsht zoologjik (m)	[kópʃt zooloɟík]
Kino (n)	kinema (f)	[kinɛmá]

Museum (n)	muze (m)	[muzé]
Bibliothek (f)	bibliotekë (f)	[bibliotékə]

Theater (n)	teatër (m)	[tɛátər]
Opernhaus (n)	opera (f)	[opéra]
Nachtklub (m)	klub nate (m)	[klúb nátɛ]
Kasino (n)	kazino (f)	[kazíno]

Moschee (f)	xhami (f)	[dʒamí]
Synagoge (f)	sinagogë (f)	[sinagógə]
Kathedrale (f)	katedrale (f)	[katɛdrálɛ]
Tempel (m)	tempull (m)	[témpułł]
Kirche (f)	kishë (f)	[kíʃə]

Institut (n)	kolegj (m)	[koléɟ]
Universität (f)	universitet (m)	[univɛrsitét]
Schule (f)	shkollë (f)	[ʃkótə]

Präfektur (f)	prefekturë (f)	[prɛfɛktúrə]
Rathaus (n)	bashki (f)	[baʃkí]
Hotel (n)	hotel (m)	[hotél]
Bank (f)	bankë (f)	[bánkə]

Botschaft (f)	ambasadë (f)	[ambasádə]
Reisebüro (n)	agjenci udhëtimesh (f)	[aɟɛntsí uðətímɛʃ]
Informationsbüro (n)	zyrë informacioni (f)	[zýrə informatsióni]
Wechselstube (f)	këmbim valutor (m)	[kəmbím valutór]

U-Bahn (f)	metro (f)	[mɛtró]
Krankenhaus (n)	spital (m)	[spitál]

Tankstelle (f)	pikë karburanti (f)	[píkə karburánti]
Parkplatz (m)	parking (m)	[parkíŋ]

30. Schilder

Firmenschild (n)	tabelë (f)	[tabélə]
Aufschrift (f)	njoftim (m)	[ɲoftím]
Plakat (n)	poster (m)	[postér]
Wegweiser (m)	tabelë drejtuese (f)	[tabélə drɛjtúɛsɛ]
Pfeil (m)	shigjetë (f)	[ʃiɟétə]

Vorsicht (f)	kujdes (m)	[kujdés]
Warnung (f)	shenjë paralajmëruese (f)	[ʃéɲə paralajmərúɛsɛ]
warnen (vt)	paralajmëroj	[paralajmərój]

freier Tag (m)	ditë pushimi (f)	[dítə puʃími]
Fahrplan (m)	orar (m)	[orár]
Öffnungszeiten (pl)	orari i punës (m)	[orári i púnəs]

HERZLICH WILLKOMMEN!	MIRË SE VINI!	[mírə sɛ víni!]
EINGANG	HYRJE	[hýrjɛ]
AUSGANG	DALJE	[dáljɛ]
DRÜCKEN	SHTY	[ʃty]

ZIEHEN	TËRHIQ	[tərhíc]
GEÖFFNET	HAPUR	[hápur]
GESCHLOSSEN	MBYLLUR	[mbýɫur]

| DAMEN, FRAUEN | GRA | [gra] |
| HERREN, MÄNNER | BURRA | [búra] |

AUSVERKAUF	ZBRITJE	[zbrítjɛ]
REDUZIERT	ULJE	[úljɛ]
NEU!	TË REJA!	[tə réja!]
GRATIS	FALAS	[fálas]

ACHTUNG!	KUJDES!	[kujdés!]
ZIMMER BELEGT	NUK KA VENDE TË LIRA	[nuk ka véndɛ tə líra]
RESERVIERT	E REZERVUAR	[ɛ rɛzɛrvúar]

| VERWALTUNG | ADMINISTRATA | [administráta] |
| NUR FÜR PERSONAL | VETËM PËR STAFIN | [vétəm pər stáfin] |

VORSICHT BISSIGER HUND	RUHUNI NGA QENI!	[rúhuni ŋa céni!]
RAUCHEN VERBOTEN!	NDALOHET DUHANI	[ndalóhɛt duháni]
BITTE NICHT BERÜHREN	MOS PREK!	[mos prék!]

GEFÄHRLICH	TË RREZIKSHME	[tə rɛzíkʃmɛ]
VORSICHT!	RREZIK	[rɛzík]
HOCHSPANNUNG	TENSION I LARTË	[tɛnsión i lártə]
BADEN VERBOTEN	NUK LEJOHET NOTI!	[nuk lɛjóhɛt nóti!]
AUßER BETRIEB	E PRISHUR	[ɛ príʃur]

LEICHTENTZÜNDLICH	LËNDË DJEGËSE	[ləndə djégəsɛ]
VERBOTEN	E NDALUAR	[ɛ ndalúar]
DURCHGANG VERBOTEN	NDALOHET HYRJA	[ndalóhɛt hýrja]
FRISCH GESTRICHEN	BOJË E FRESKËT	[bójə ɛ fréskət]

31. Shopping

kaufen (vt)	blej	[blɛj]
Einkauf (m)	blerje (f)	[blérjɛ]
einkaufen gehen	shkoj për pazar	[ʃkoj pər pazár]
Einkaufen (n)	pazar (m)	[pazár]

| offen sein (Laden) | hapur | [hápur] |
| zu sein | mbyllur | [mbýɫur] |

Schuhe (pl)	këpucë (f)	[kəpútsə]
Kleidung (f)	veshje (f)	[véʃjɛ]
Kosmetik (f)	kozmetikë (f)	[kozmɛtíkə]
Lebensmittel (pl)	mallra ushqimore (f)	[máɫra uʃcimórɛ]
Geschenk (n)	dhuratë (f)	[ðurátə]

Verkäufer (m)	shitës (m)	[ʃítəs]
Verkäuferin (f)	shitëse (f)	[ʃítəsɛ]
Kasse (f)	arkë (f)	[árkə]

Spiegel (m)	pasqyrë (f)	[pascýrə]
Ladentisch (m)	banak (m)	[bának]
Umkleidekabine (f)	dhomë prove (f)	[ðómə próvɛ]

anprobieren (vt)	provoj	[provój]
passen (Schuhe, Kleid)	më rri mirë	[mə ri mírə]
gefallen (vi)	pëlqej	[pəlcéj]

Preis (m)	çmim (m)	[tʃmím]
Preisschild (n)	etiketa e çmimit (f)	[ɛtikéta ɛ tʃmímit]
kosten (vt)	kushton	[kuʃtón]
Wie viel?	Sa?	[sa?]
Rabatt (m)	ulje (f)	[úljɛ]

preiswert	jo e shtrenjtë	[jo ɛ ʃtréɲtə]
billig	e lirë	[ɛ lírə]
teuer	i shtrenjtë	[i ʃtréɲtə]
Das ist teuer	Është e shtrenjtë	[əʃtə ɛ ʃtréɲtə]

Verleih (m)	qiramarrje (f)	[ciramárjɛ]
leihen, mieten (ein Auto usw.)	marr me qira	[mar mɛ cirá]
Kredit (m), Darlehen (n)	kredit (m)	[krɛdít]
auf Kredit	me kredi	[mɛ krɛdí]

KLEIDUNG & ACCESSOIRES

32. Oberbekleidung. Mäntel

Kleidung (f)	rroba (f)	[róba]
Oberkleidung (f)	veshje e sipërme (f)	[véʃjɛ ɛ sípərmɛ]
Winterkleidung (f)	veshje dimri (f)	[véʃjɛ dímri]
Mantel (m)	pallto (f)	[páɫto]
Pelzmantel (m)	gëzof (m)	[gəzóf]
Pelzjacke (f)	xhaketë lëkure (f)	[dʒakétə ləkúrɛ]
Daunenjacke (f)	xhup (m)	[dʒup]
Jacke (z.B. Lederjacke)	xhaketë (f)	[dʒakétə]
Regenmantel (m)	pardesy (f)	[pardɛsý]
wasserdicht	kundër shiut	[kúndər ʃiut]

33. Herren- & Damenbekleidung

Hemd (n)	këmishë (f)	[kəmíʃə]
Hose (f)	pantallona (f)	[pantaɫóna]
Jeans (pl)	xhinse (f)	[dʒínsɛ]
Jackett (n)	xhaketë kostumi (f)	[dʒakétə kostúmi]
Anzug (m)	kostum (m)	[kostúm]
Damenkleid (n)	fustan (m)	[fustán]
Rock (m)	fund (m)	[fund]
Bluse (f)	bluzë (f)	[blúzə]
Strickjacke (f)	xhaketë me thurje (f)	[dʒakétə mɛ θúrjɛ]
Jacke (Damen Kostüm)	xhaketë femrash (f)	[dʒakétə fémraʃ]
T-Shirt (n)	bluzë (f)	[blúzə]
Shorts (pl)	pantallona të shkurtra (f)	[pantaɫóna tə ʃkúrtra]
Sportanzug (m)	tuta sportive (f)	[túta sportívɛ]
Bademantel (m)	peshqir trupi (m)	[pɛʃcír trúpi]
Schlafanzug (m)	pizhame (f)	[piʒámɛ]
Sweater (m)	triko (f)	[tríko]
Pullover (m)	pulovër (m)	[pulóvər]
Weste (f)	jelek (m)	[jɛlék]
Frack (m)	frak (m)	[frak]
Smoking (m)	smoking (m)	[smokíŋ]
Uniform (f)	uniformë (f)	[unifórmə]
Arbeitskleidung (f)	rroba pune (f)	[róba púnɛ]
Overall (m)	kominoshe (f)	[kominóʃɛ]
Kittel (z.B. Arztkittel)	uniformë (f)	[unifórmə]

34. Kleidung. Unterwäsche

Unterwäsche (f)	të brendshme (f)	[tə bréndʃmɛ]
Herrenslip (m)	boksera (f)	[bokséra]
Damenslip (m)	brekë (f)	[brékə]
Unterhemd (n)	fanellë (f)	[fanéłə]
Socken (pl)	çorape (pl)	[tʃorápɛ]
Nachthemd (n)	këmishë nate (f)	[kəmíʃə nátɛ]
Büstenhalter (m)	sytjena (f)	[sytjéna]
Kniestrümpfe (pl)	çorape déri tek gjuri (pl)	[tʃorápɛ déri ték ɟúri]
Strumpfhose (f)	geta (f)	[géta]
Strümpfe (pl)	çorape të holla (pl)	[tʃorápɛ tə hóła]
Badeanzug (m)	rrobë banje (f)	[róbə bájɲɛ]

35. Kopfbekleidung

Mütze (f)	kapelë (f)	[kapélə]
Filzhut (m)	kapelë republike (f)	[kapélə rɛpublíkɛ]
Baseballkappe (f)	kapelë bejsbolli (f)	[kapélə bɛjsbółi]
Schiebermütze (f)	kapelë e sheshtë (f)	[kapélə ɛ ʃéʃtə]
Baskenmütze (f)	beretë (f)	[bɛrétə]
Kapuze (f)	kapuç (m)	[kapútʃ]
Panamahut (m)	kapelë panama (f)	[kapélə panamá]
Strickmütze (f)	kapuç leshi (m)	[kapútʃ léʃi]
Kopftuch (n)	shami (f)	[ʃamí]
Damenhut (m)	kapelë femrash (f)	[kapélə fémraʃ]
Schutzhelm (m)	helmetë (f)	[hɛlmétə]
Feldmütze (f)	kapelë ushtrie (f)	[kapélə uʃtríɛ]
Helm (z.B. Motorradhelm)	helmetë (f)	[hɛlmétə]
Melone (f)	kapelë derby (f)	[kapélə dérby]
Zylinder (m)	kapelë cilindër (f)	[kapélə tsilíndər]

36. Schuhwerk

Schuhe (pl)	këpucë (pl)	[kəpútsə]
Stiefeletten (pl)	këpucë burrash (pl)	[kəpútsə búraʃ]
Halbschuhe (pl)	këpucë grash (pl)	[kəpútsə gráʃ]
Stiefel (pl)	çizme (pl)	[tʃízmɛ]
Hausschuhe (pl)	pantofla (pl)	[pantófla]
Tennisschuhe (pl)	atlete tenisi (pl)	[atlétɛ tɛnísi]
Leinenschuhe (pl)	atlete (pl)	[atlétɛ]
Sandalen (pl)	sandale (pl)	[sandálɛ]
Schuster (m)	këpucëtar (m)	[kəputsətár]
Absatz (m)	takë (f)	[tákə]

Paar (n)	palë (f)	[pálə]
Schnürsenkel (m)	lidhëse këpucësh (f)	[líðəsɛ kəpútsəʃ]
schnüren (vt)	lidh këpucët	[lið kəpútsət]
Schuhlöffel (m)	lugë këpucësh (f)	[lúgə kəpútsəʃ]
Schuhcreme (f)	bojë këpucësh (f)	[bójə kəpútsəʃ]

37. Persönliche Accessoires

Handschuhe (pl)	dorëza (pl)	[dórəza]
Fausthandschuhe (pl)	doreza (f)	[doréza]
Schal (Kaschmir-)	shall (m)	[ʃał]

Brille (f)	syze (f)	[sýzɛ]
Brillengestell (n)	skelet syzesh (m)	[skɛlét sýzɛʃ]
Regenschirm (m)	çadër (f)	[tʃádər]
Spazierstock (m)	bastun (m)	[bastún]
Haarbürste (f)	furçë flokësh (f)	[fúrtʃə flókəʃ]
Fächer (m)	erashkë (f)	[ɛráʃkə]

Krawatte (f)	kravatë (f)	[kravátə]
Fliege (f)	papion (m)	[papión]
Hosenträger (pl)	aski (pl)	[askí]
Taschentuch (n)	shami (f)	[ʃamí]

Kamm (m)	krehër (m)	[kréhər]
Haarspange (f)	kapëse flokësh (f)	[kápəsɛ flókəʃ]
Haarnadel (f)	karficë (f)	[karfítsə]
Schnalle (f)	tokëz (f)	[tókəz]

Gürtel (m)	rrip (m)	[rip]
Umhängegurt (m)	rrip supi (m)	[rip súpi]

Tasche (f)	çantë dore (f)	[tʃántə dórɛ]
Handtasche (f)	çantë (f)	[tʃántə]
Rucksack (m)	çantë shpine (f)	[tʃántə ʃpínɛ]

38. Kleidung. Verschiedenes

Mode (f)	modë (f)	[módə]
modisch	në modë	[nə módə]
Modedesigner (m)	stilist (m)	[stilíst]

Kragen (m)	jakë (f)	[jákə]
Tasche (f)	xhep (m)	[dʒɛp]
Taschen-	i xhepit	[i dʒépit]
Ärmel (m)	mëngë (f)	[mə́ŋə]
Aufhänger (m)	hallkë për varje (f)	[háłkə pər várjɛ]
Hosenschlitz (m)	zinxhir (m)	[zindʒír]

Reißverschluss (m)	zinxhir (m)	[zindʒír]
Verschluss (m)	kapëse (f)	[kápəsɛ]
Knopf (m)	kopsë (f)	[kópsə]

| Knopfloch (n) | vrimë kopse (f) | [vrímə kópsɛ] |
| abgehen (Knopf usw.) | këputet | [kəpútɛt] |

nähen (vi, vt)	qep	[cɛp]
sticken (vt)	qëndis	[cəndís]
Stickerei (f)	qëndisje (f)	[cəndísjɛ]
Nadel (f)	gjilpërë për qepje (f)	[ɉilpérə pər cépjɛ]
Faden (m)	pe (m)	[pɛ]
Naht (f)	tegel (m)	[tɛgél]

sich beschmutzen	bëhem pis	[béhɛm pis]
Fleck (m)	njollë (f)	[ɲótə]
sich knittern	zhubros	[ʒubrós]
zerreißen (vt)	gris	[gris]
Motte (f)	molë rrobash (f)	[mólə róbaʃ]

39. Kosmetikartikel. Kosmetik

Zahnpasta (f)	pastë dhëmbësh (f)	[pástə ðémbəʃ]
Zahnbürste (f)	furçë dhëmbësh (f)	[fúrtʃə ðémbəʃ]
Zähne putzen	laj dhëmbët	[laj ðémbət]

Rasierer (m)	brisk (m)	[brísk]
Rasiercreme (f)	pastë rroje (f)	[pástə rójɛ]
sich rasieren	rruhem	[rúhɛm]

| Seife (f) | sapun (m) | [sapún] |
| Shampoo (n) | shampo (f) | [ʃampó] |

Schere (f)	gërshërë (f)	[gərʃérə]
Nagelfeile (f)	limë thonjsh (f)	[límə θóɲʃ]
Nagelzange (f)	prerëse thonjsh (f)	[prérəsɛ θóɲʃ]
Pinzette (f)	piskatore vetullash (f)	[piskatórɛ vétutaʃ]

Kosmetik (f)	kozmetikë (f)	[kozmɛtíkə]
Gesichtsmaske (f)	maskë fytyre (f)	[máskə fytýrɛ]
Maniküre (f)	manikyr (m)	[manikýr]
Maniküre machen	bëj manikyr	[bəj manikýr]
Pediküre (f)	pedikyr (m)	[pɛdikýr]

Kosmetiktasche (f)	çantë kozmetike (f)	[tʃántə kozmɛtíkɛ]
Puder (m)	pudër fytyre (f)	[púdər fytýrɛ]
Puderdose (f)	pudër kompakte (f)	[púdər kompáktɛ]
Rouge (n)	ruzh (m)	[ruʒ]

Parfüm (n)	parfum (m)	[parfúm]
Duftwasser (n)	parfum (m)	[parfúm]
Lotion (f)	krem (m)	[krɛm]
Kölnischwasser (n)	kolonjë (f)	[kolóɲə]

Lidschatten (m)	rimel (m)	[rimél]
Kajalstift (m)	laps për sy (m)	[láps pər sy]
Wimperntusche (f)	rimel (m)	[rimél]
Lippenstift (m)	buzëkuq (m)	[buzəkúc]

Nagellack (m)	llak për thonj (m)	[ɫak pər θóɲ]
Haarlack (m)	llak flokësh (m)	[ɫak flókəʃ]
Deodorant (n)	deodorant (m)	[dɛodoránt]

Creme (f)	krem (m)	[krɛm]
Gesichtscreme (f)	krem për fytyrë (m)	[krɛm pər fytýrə]
Handcreme (f)	krem për duar (m)	[krɛm pər dúar]
Anti-Falten-Creme (f)	krem kundër rrudhave (m)	[krɛm kúndər rúðavɛ]
Tagescreme (f)	krem dite (m)	[krɛm dítɛ]
Nachtcreme (f)	krem nate (m)	[krɛm nátɛ]
Tages-	dite	[dítɛ]
Nacht-	nate	[nátɛ]

Tampon (m)	tampon (m)	[tampón]
Toilettenpapier (n)	letër higjienike (f)	[létər hiɟiɛníkɛ]
Föhn (m)	tharëse flokësh (f)	[θárəsɛ flókəʃ]

40. Armbanduhren Uhren

Armbanduhr (f)	orë dore (f)	[órə dórɛ]
Zifferblatt (n)	faqe e orës (f)	[fácɛ ɛ órəs]
Zeiger (m)	akrep (m)	[akrép]
Metallarmband (n)	rrip metalik ore (m)	[rip mɛtalík órɛ]
Uhrenarmband (n)	rrip ore (m)	[rip órɛ]

Batterie (f)	bateri (f)	[batɛrí]
verbraucht sein	e shkarkuar	[ɛ ʃkarkúar]
die Batterie wechseln	ndërroj baterinë	[ndərój batɛrínə]
vorgehen (vi)	kalon shpejt	[kalón ʃpéjt]
nachgehen (vi)	ngel prapa	[ŋɛl prápa]

Wanduhr (f)	orë muri (f)	[órə múri]
Sanduhr (f)	orë rëre (f)	[órə rərɛ]
Sonnenuhr (f)	orë diellore (f)	[órə diɛtórɛ]
Wecker (m)	orë me zile (f)	[órə mɛ zílɛ]
Uhrmacher (m)	orëndreqës (m)	[orəndrécəs]
reparieren (vt)	ndreq	[ndréc]

ALLTAGSERFAHRUNG

41. Geld

Geld (n)	para (f)	[pará]
Austausch (m)	këmbim valutor (m)	[kəmbím valutór]
Kurs (m)	kurs këmbimi (m)	[kurs kəmbími]
Geldautomat (m)	bankomat (m)	[bankomát]
Münze (f)	monedhë (f)	[monéðə]
Dollar (m)	dollar (m)	[dotár]
Euro (m)	euro (f)	[éuro]
Lira (f)	lirë (f)	[lírə]
Mark (f)	Marka gjermane (f)	[márka jɛrmánɛ]
Franken (m)	franga (f)	[fráŋa]
Pfund Sterling (n)	sterlina angleze (f)	[stɛrlína aŋlézɛ]
Yen (m)	jen (m)	[jén]
Schulden (pl)	borxh (m)	[bórdʒ]
Schuldner (m)	debitor (m)	[dɛbitór]
leihen (vt)	jap hua	[jap huá]
leihen, borgen (Geld usw.)	marr hua	[mar huá]
Bank (f)	bankë (f)	[bánkə]
Konto (n)	llogari (f)	[togarí]
einzahlen (vt)	depozitoj	[dɛpozitój]
auf ein Konto einzahlen	depozitoj në llogari	[dɛpozitój nə togarí]
abheben (vt)	tërheq	[tərhéc]
Kreditkarte (f)	kartë krediti (f)	[kártə krɛdíti]
Bargeld (n)	kesh (m)	[kɛʃ]
Scheck (m)	çek (m)	[tʃɛk]
einen Scheck schreiben	lëshoj një çek	[ləʃój ɲə tʃék]
Scheckbuch (n)	bllok çeqesh (m)	[btók tʃécɛʃ]
Geldtasche (f)	portofol (m)	[portofól]
Geldbeutel (m)	kuletë (f)	[kulétə]
Safe (m)	kasafortë (f)	[kasafórtə]
Erbe (m)	trashëgimtar (m)	[traʃəgimtár]
Erbschaft (f)	trashëgimi (f)	[traʃəgimí]
Vermögen (n)	pasuri (f)	[pasurí]
Pacht (f)	qira (f)	[cirá]
Miete (f)	qiraja (f)	[cirája]
mieten (vt)	marr me qira	[mar mɛ cirá]
Preis (m)	çmim (m)	[tʃmím]
Kosten (pl)	kosto (f)	[kósto]

Summe (f)	shumë (f)	[ʃúmə]
ausgeben (vt)	shpenzoj	[ʃpɛnzój]
Ausgaben (pl)	shpenzime (f)	[ʃpɛnzímɛ]
sparen (vt)	kursej	[kurséj]
sparsam	ekonomik	[ɛkonomík]

zahlen (vt)	paguaj	[pagúaj]
Lohn (m)	pagesë (f)	[pagésə]
Wechselgeld (n)	kusur (m)	[kusúr]

Steuer (f)	taksë (f)	[táksə]
Geldstrafe (f)	gjobë (f)	[ɟóbə]
bestrafen (vt)	vendos gjobë	[vɛndós ɟóbə]

42. Post. Postdienst

Post (Postamt)	zyrë postare (f)	[zýrə postárɛ]
Post (Postsendungen)	postë (f)	[póstə]
Briefträger (m)	postier (m)	[postiér]
Öffnungszeiten (pl)	orari i punës (m)	[orári i púnəs]

Brief (m)	letër (f)	[létər]
Einschreibebrief (m)	letër rekomande (f)	[létər rɛkomándɛ]
Postkarte (f)	kartolinë (f)	[kartolínə]
Telegramm (n)	telegram (m)	[tɛlɛgrám]
Postpaket (n)	pako (f)	[páko]
Geldanweisung (f)	transfer parash (m)	[transfér paráʃ]

bekommen (vt)	pranoj	[pranój]
abschicken (vt)	dërgoj	[dərgój]
Absendung (f)	dërgesë (f)	[dərgésə]
Postanschrift (f)	adresë (f)	[adrésə]
Postleitzahl (f)	kodi postar (m)	[kódi postár]
Absender (m)	dërguesi (m)	[dərgúɛsi]
Empfänger (m)	pranues (m)	[pranúɛs]

Vorname (m)	emër (m)	[émər]
Nachname (m)	mbiemër (m)	[mbiémər]
Tarif (m)	tarifë postare (f)	[tarífə postárɛ]
Standard- (Tarif)	standard	[standárd]
Spar- (-tarif)	ekonomike	[ɛkonomíkɛ]

Gewicht (n)	peshë (f)	[péʃə]
abwiegen (vt)	peshoj	[pɛʃój]
Briefumschlag (m)	zarf (m)	[zarf]
Briefmarke (f)	pullë postare (f)	[púłə postárɛ]
Briefmarke aufkleben	vendos pullën postare	[vɛndós púłən postárɛ]

43. Bankgeschäft

Bank (f)	bankë (f)	[bánkə]
Filiale (f)	degë (f)	[dégə]

Berater (m)	punonjës banke (m)	[punóɲəs bánkɛ]
Leiter (m)	drejtor (m)	[drɛjtór]
Konto (n)	llogari bankare (f)	[ɫogarí bankárɛ]
Kontonummer (f)	numër llogarie (m)	[númər ɫogaríɛ]
Kontokorrent (n)	llogari rrjedhëse (f)	[ɫogarí rjéðəsɛ]
Sparkonto (n)	llogari kursimesh (f)	[ɫogarí kursímɛʃ]
ein Konto eröffnen	hap një llogari	[hap ɲə ɫogarí]
das Konto schließen	mbyll një llogari	[mbýɫ ɲə ɫogarí]
einzahlen (vt)	depozitoj në llogari	[dɛpozitój nə ɫogarí]
abheben (vt)	tërheq	[tərhéc]
Einzahlung (f)	depozitë (f)	[dɛpozítə]
eine Einzahlung machen	kryej një depozitim	[krýɛj ɲə dɛpozitím]
Überweisung (f)	transfer bankar (m)	[transfér bankár]
überweisen (vt)	transferoj para	[transfɛrój pará]
Summe (f)	shumë (f)	[ʃúmə]
Wieviel?	Sa?	[sa?]
Unterschrift (f)	nënshkrim (m)	[nənʃkrím]
unterschreiben (vt)	nënshkruaj	[nənʃkrúaj]
Kreditkarte (f)	kartë krediti (f)	[kártə krɛdíti]
Code (m)	kodi PIN (m)	[kódi pin]
Kreditkartennummer (f)	numri i kartës së kreditit (m)	[númri i kártəs sə krɛdítit]
Geldautomat (m)	bankomat (m)	[bankomát]
Scheck (m)	çek (m)	[tʃɛk]
einen Scheck schreiben	lëshoj një çek	[ləʃój ɲə tʃék]
Scheckbuch (n)	bllok çeqesh (m)	[bɫók tʃécɛʃ]
Darlehen (m)	kredi (f)	[krɛdí]
ein Darlehen beantragen	aplikoj për kredi	[aplikój pər krɛdí]
ein Darlehen aufnehmen	marr kredi	[mar krɛdí]
ein Darlehen geben	jap kredi	[jap krɛdí]
Sicherheit (f)	garanci (f)	[garantsí]

44. Telefon. Telefongespräche

Telefon (n)	telefon (m)	[tɛlɛfón]
Mobiltelefon (n)	celular (m)	[tsɛlulár]
Anrufbeantworter (m)	sekretari telefonike (f)	[sɛkrɛtarí tɛlɛfoníkɛ]
anrufen (vt)	telefonoj	[tɛlɛfonój]
Anruf (m)	telefonatë (f)	[tɛlɛfonátə]
eine Nummer wählen	i bie numrit	[i bíɛ númrit]
Hallo!	Përshëndetje!	[pərʃəndétjɛ!]
fragen (vt)	pyes	[pýɛs]
antworten (vi)	përgjigjem	[pərɟíɟɛm]
hören (vt)	dëgjoj	[dəɟój]
gut (~ aussehen)	mirë	[mírə]

schlecht (Adv)	jo mirë	[jo míra]
Störungen (pl)	zhurmë (f)	[ʒúrmə]

Hörer (m)	marrës (m)	[máras]
den Hörer abnehmen	ngre telefonin	[ŋré tɛlɛfónin]
auflegen (den Hörer ~)	mbyll telefonin	[mbýɫ tɛlɛfónin]

besetzt	i zënë	[i zénə]
läuten (vi)	bie zilja	[bíɛ zílja]
Telefonbuch (n)	numerator telefonik (m)	[numɛratór tɛlɛfoník]

Orts-	lokale	[lokálɛ]
Ortsgespräch (n)	thirrje lokale (f)	[θírjɛ lokálɛ]
Auslands-	ndërkombëtar	[ndərkombətár]
Auslandsgespräch (n)	thirrje ndërkombëtare (f)	[θírjɛ ndərkombətárɛ]
Fern-	distancë e largët	[distántsə ɛ lárgət]
Ferngespräch (n)	thirrje në distancë (f)	[θírjɛ nə distántsə]

45. Mobiltelefon

Mobiltelefon (n)	celular (m)	[tsɛlulár]
Display (n)	ekran (m)	[ɛkrán]
Knopf (m)	buton (m)	[butón]
SIM-Karte (f)	karta SIM (m)	[kárta sim]

Batterie (f)	bateri (f)	[batɛrí]
leer sein (Batterie)	e shkarkuar	[ɛ ʃkarkúar]
Ladegerät (n)	karikues (m)	[karikúɛs]

Menü (n)	menu (f)	[mɛnú]
Einstellungen (pl)	parametra (f)	[paramétra]
Melodie (f)	melodi (f)	[mɛlodí]
auswählen (vt)	përzgjedh	[pərzɟéð]

Rechner (m)	makinë llogaritëse (f)	[makínə ɫogarítəsɛ]
Anrufbeantworter (m)	postë zanore (f)	[póstə zanórɛ]
Wecker (m)	alarm (m)	[alárm]
Kontakte (pl)	kontakte (pl)	[kontáktɛ]

SMS-Nachricht (f)	SMS (m)	[ɛsɛmɛs]
Teilnehmer (m)	abonent (m)	[abonént]

46. Bürobedarf

Kugelschreiber (m)	stilolaps (m)	[stiloláps]
Federhalter (m)	stilograf (m)	[stilográf]

Bleistift (m)	laps (m)	[láps]
Faserschreiber (m)	shënjues (m)	[ʃəɲúɛs]
Filzstift (m)	tushë me bojë (f)	[túʃə mɛ bójə]
Notizblock (m)	bllok shënimesh (m)	[bɫók ʃənímɛʃ]
Terminkalender (m)	agjendë (f)	[aɟéndə]

Lineal (n)	vizore (f)	[vizórɛ]
Rechner (m)	makinë llogaritëse (f)	[makínə ɬogarítəsɛ]
Radiergummi (m)	gomë (f)	[gómə]
Reißzwecke (f)	pineskë (f)	[pinéskə]
Heftklammer (f)	kapëse fletësh (f)	[kápəsɛ flétəʃ]

Klebstoff (m)	ngjitës (m)	[nɟítəs]
Hefter (m)	ngjitës metalik (m)	[nɟítəs mɛtalík]
Locher (m)	hapës vrimash (m)	[hápəs vrímaʃ]
Bleistiftspitzer (m)	mprehëse lapsash (m)	[mpréhəsɛ lápsaʃ]

47. Fremdsprachen

Sprache (f)	gjuhë (f)	[ɟúhə]
Fremd-	huaj	[húaj]
Fremdsprache (f)	gjuhë e huaj (f)	[ɟúhə ɛ húaj]
studieren (z.B. Jura ~)	studioj	[studiój]
lernen (Englisch ~)	mësoj	[məsój]

lesen (vi, vt)	lexoj	[lɛdzój]
sprechen (vi, vt)	flas	[flas]
verstehen (vt)	kuptoj	[kuptój]
schreiben (vi, vt)	shkruaj	[ʃkrúaj]

schnell (Adv)	shpejt	[ʃpɛjt]
langsam (Adv)	ngadalë	[ŋadálə]
fließend (Adv)	rrjedhshëm	[rjéðʃəm]

Regeln (pl)	rregullat (pl)	[réguɬat]
Grammatik (f)	gramatikë (f)	[gramatíkə]
Vokabular (n)	fjalor (m)	[fjalór]
Phonetik (f)	fonetikë (f)	[fonɛtíkə]

Lehrbuch (n)	tekst mësimor (m)	[tɛkst məsimór]
Wörterbuch (n)	fjalor (m)	[fjalór]
Selbstlernbuch (n)	libër i mësimit autodidakt (m)	[líbər i məsímit autodidákt]
Sprachführer (m)	libër frazeologjik (m)	[líbər frazɛoloɟík]

Kassette (f)	kasetë (f)	[kasétə]
Videokassette (f)	videokasetë (f)	[vidɛokasétə]
CD (f)	CD (f)	[tsɛdé]
DVD (f)	DVD (m)	[dividí]

Alphabet (n)	alfabet (m)	[alfabét]
buchstabieren (vt)	gërmëzoj	[gərməzój]
Aussprache (f)	shqiptim (m)	[ʃciptím]

Akzent (m)	aksent (m)	[aksént]
mit Akzent	me aksent	[mɛ aksént]
ohne Akzent	pa aksent	[pa aksént]

Wort (n)	fjalë (f)	[fjálə]
Bedeutung (f)	kuptim (m)	[kuptím]

Kurse (pl)	kurs (m)	[kurs]
sich einschreiben	regjistrohem	[rɛʝistróhɛm]
Lehrer (m)	mësues (m)	[məsúɛs]

Übertragung (f)	përkthim (m)	[pərkθím]
Übersetzung (f)	përkthim (m)	[pərkθím]
Übersetzer (m)	përkthyes (m)	[pərkθýɛs]
Dolmetscher (m)	përkthyes (m)	[pərkθýɛs]

Polyglott (m, f)	poliglot (m)	[poliglót]
Gedächtnis (n)	kujtesë (f)	[kujtésə]

MAHLZEITEN. RESTAURANT

48. Gedeck

Löffel (m)	lugë (f)	[lúgǝ]
Messer (n)	thikë (f)	[θíkǝ]
Gabel (f)	pirun (m)	[pirún]
Tasse (eine ~ Tee)	filxhan (m)	[fildʒán]
Teller (m)	pjatë (f)	[pjátǝ]
Untertasse (f)	pjatë filxhani (f)	[pjátǝ fildʒáni]
Serviette (f)	pecetë (f)	[pɛtsétǝ]
Zahnstocher (m)	kruajtëse dhëmbësh (f)	[krúajtǝsɛ ðǝ́mbǝʃ]

49. Restaurant

Restaurant (n)	restorant (m)	[rɛstoránt]
Kaffeehaus (n)	kafene (f)	[kafɛné]
Bar (f)	pab (m), pijetore (f)	[pab], [pijɛtórɛ]
Teesalon (m)	çajtore (f)	[tʃajtórɛ]
Kellner (m)	kamerier (m)	[kamɛriér]
Kellnerin (f)	kameriere (f)	[kamɛriérɛ]
Barmixer (m)	banakier (m)	[banakiér]
Speisekarte (f)	menu (f)	[mɛnú]
Weinkarte (f)	menu verërash (f)	[mɛnú vérǝraʃ]
einen Tisch reservieren	rezervoj një tavolinë	[rɛzɛrvój ɲǝ tavolínǝ]
Gericht (n)	pjatë (f)	[pjátǝ]
bestellen (vt)	porosis	[porosís]
eine Bestellung aufgeben	bëj porosinë	[bǝj porosínǝ]
Aperitif (m)	aperitiv (m)	[apɛritív]
Vorspeise (f)	antipastë (f)	[antipástǝ]
Nachtisch (m)	ëmbëlsirë (f)	[ǝmbǝlsírǝ]
Rechnung (f)	faturë (f)	[fatúrǝ]
Rechnung bezahlen	paguaj faturën	[pagúaj fatúrǝn]
das Wechselgeld geben	jap kusur	[jap kusúr]
Trinkgeld (n)	bakshish (m)	[bakʃíʃ]

50. Mahlzeiten

Essen (n)	ushqim (m)	[uʃcím]
essen (vi, vt)	ha	[ha]

Frühstück (n)	mëngjes (m)	[mənɟés]
frühstücken (vi)	ha mëngjes	[ha mənɟés]
Mittagessen (n)	drekë (f)	[drékə]
zu Mittag essen	ha drekë	[ha drékə]
Abendessen (n)	darkë (f)	[dárkə]
zu Abend essen	ha darkë	[ha dárkə]

| Appetit (m) | oreks (m) | [oréks] |
| Guten Appetit! | Të bëftë mirë! | [tə bəftə mírə!] |

öffnen (vt)	hap	[hap]
verschütten (vt)	derdh	[dérð]
verschüttet werden	derdhje	[dérðjɛ]

kochen (vi)	ziej	[zíɛj]
kochen (Wasser ~)	ziej	[zíɛj]
gekocht (Adj)	i zier	[i zíɛr]
kühlen (vt)	ftoh	[ftoh]
abkühlen (vi)	ftohje	[ftóhjɛ]

| Geschmack (m) | shije (f) | [ʃíjɛ] |
| Beigeschmack (m) | shije (f) | [ʃíjɛ] |

auf Diät sein	dobësohem	[dobəsóhɛm]
Diät (f)	dietë (f)	[diétə]
Vitamin (n)	vitaminë (f)	[vitamínə]
Kalorie (f)	kalori (f)	[kalorí]
Vegetarier (m)	vegjetarian (m)	[vɛɟɛtarián]
vegetarisch (Adj)	vegjetarian	[vɛɟɛtarián]

Fett (n)	yndyrë (f)	[yndýrə]
Protein (n)	proteinë (f)	[protɛínə]
Kohlenhydrat (n)	karbohidrat (m)	[karbohidrát]

Scheibchen (n)	fetë (f)	[fétə]
Stück (ein ~ Kuchen)	copë (f)	[tsópə]
Krümel (m)	dromcë (f)	[drómtsə]

51. Gerichte

Gericht (n)	pjatë (f)	[pjátə]
Küche (f)	kuzhinë (f)	[kuʒínə]
Rezept (n)	recetë (f)	[rɛtsétə]
Portion (f)	racion (m)	[ratsión]

| Salat (m) | sallatë (f) | [saɬátə] |
| Suppe (f) | supë (f) | [súpə] |

Brühe (f), Bouillon (f)	lëng mishi (m)	[ləŋ míʃi]
belegtes Brot (n)	sandviç (m)	[sandvítʃ]
Spiegelei (n)	vezë të skuqura (pl)	[vézə tə skúcura]

| Hamburger (m) | hamburger | [hamburgér] |
| Beefsteak (n) | biftek (m) | [bifték] |

Beilage (f)	garniturë (f)	[garnitúrə]
Spaghetti (pl)	shpageti (pl)	[ʃpagéti]
Kartoffelpüree (n)	pure patatesh (f)	[puré patátɛʃ]
Pizza (f)	pica (f)	[pítsa]
Brei (m)	qull (m)	[cuɫ]
Omelett (n)	omëletë (f)	[oməlétə]

gekocht	i zier	[i zíɛr]
geräuchert	i tymosur	[i tymósur]
gebraten	i skuqur	[i skúcur]
getrocknet	i tharë	[i θárə]
tiefgekühlt	i ngrirë	[i ŋrírə]
mariniert	i marinuar	[i marinúar]

süß	i ëmbël	[i ómbəl]
salzig	i kripur	[i krípur]
kalt	i ftohtë	[i ftóhtə]
heiß	i nxehtë	[i ndzéhtə]
bitter	i hidhur	[i híður]
lecker	i shijshëm	[i ʃíʃəm]

kochen (vt)	ziej	[zíɛj]
zubereiten (vt)	gatuaj	[gatúaj]
braten (vt)	skuq	[skuc]
aufwärmen (vt)	ngroh	[ŋróh]

salzen (vt)	hedh kripë	[hɛð krípə]
pfeffern (vt)	hedh piper	[hɛð pipér]
reiben (vt)	rendoj	[rɛndój]
Schale (f)	lëkurë (f)	[ləkúrə]
schälen (vt)	qëroj	[cərój]

52. Essen

Fleisch (n)	mish (m)	[miʃ]
Hühnerfleisch (n)	pulë (f)	[púlə]
Küken (n)	mish pule (m)	[miʃ púlɛ]
Ente (f)	rosë (f)	[rósə]
Gans (f)	patë (f)	[pátə]
Wild (n)	gjah (m)	[ɟáh]
Pute (f)	mish gjel deti (m)	[miʃ ɟɛl déti]

Schweinefleisch (n)	mish derri (m)	[miʃ déri]
Kalbfleisch (n)	mish viçi (m)	[miʃ vítʃi]
Hammelfleisch (n)	mish qengji (m)	[miʃ cénɟi]
Rindfleisch (n)	mish lope (m)	[miʃ lópɛ]
Kaninchenfleisch (n)	mish lepuri (m)	[miʃ lépuri]

Wurst (f)	salsiçe (f)	[salsítʃɛ]
Würstchen (n)	salsiçe vjeneze (f)	[salsítʃɛ vjɛnézɛ]
Schinkenspeck (m)	proshutë (f)	[proʃútə]
Schinken (m)	sallam (m)	[saɫám]
Räucherschinken (m)	kofshë derri (f)	[kófʃə déri]
Pastete (f)	pate (f)	[paté]

Leber (f)	mëlçi (f)	[məltʃí]
Hackfleisch (n)	hamburger (m)	[hamburgér]
Zunge (f)	gjuhë (f)	[ɟúhə]

Ei (n)	ve (f)	[vɛ]
Eier (pl)	vezë (pl)	[vézə]
Eiweiß (n)	e bardhë veze (f)	[ɛ bárðə vézɛ]
Eigelb (n)	e verdhë veze (f)	[ɛ vérðə vézɛ]

Fisch (m)	peshk (m)	[pɛʃk]
Meeresfrüchte (pl)	fruta deti (pl)	[frúta déti]
Krebstiere (pl)	krustace (pl)	[krustátsɛ]
Kaviar (m)	havjar (m)	[havjár]

Krabbe (f)	gaforre (f)	[gafórɛ]
Garnele (f)	karkalec (m)	[karkaléts]
Auster (f)	midhje (f)	[míðjɛ]
Languste (f)	karavidhe (f)	[karavíðɛ]
Krake (m)	oktapod (m)	[oktapód]
Kalmar (m)	kallamarë (f)	[kałamárə]

Störfleisch (n)	bli (m)	[blí]
Lachs (m)	salmon (m)	[salmón]
Heilbutt (m)	shojzë e Atlantikut Verior (f)	[ʃójzə ɛ atlantíkut vɛriór]

Dorsch (m)	merluc (m)	[mɛrlúts]
Makrele (f)	skumbri (m)	[skúmbri]
Tunfisch (m)	tunë (f)	[túnə]
Aal (m)	ngjalë (f)	[nɟálə]

Forelle (f)	troftë (f)	[tróftə]
Sardine (f)	sardele (f)	[sardélɛ]
Hecht (m)	mlysh (m)	[mlýʃ]
Hering (m)	harengë (f)	[haréŋə]

Brot (n)	bukë (f)	[búkə]
Käse (m)	djath (m)	[djáθ]
Zucker (m)	sheqer (m)	[ʃɛcér]
Salz (n)	kripë (f)	[krípə]

Reis (m)	oriz (m)	[oríz]
Teigwaren (pl)	makarona (f)	[makaróna]
Nudeln (pl)	makarona petë (f)	[makaróna pétə]

Butter (f)	gjalp (m)	[ɟalp]
Pflanzenöl (n)	vaj vegjetal (m)	[vaj vɛɟɛtál]
Sonnenblumenöl (n)	vaj luledielli (m)	[vaj lulɛdiéłi]
Margarine (f)	margarinë (f)	[margarínə]

| Oliven (pl) | ullinj (pl) | [ułíɲ] |
| Olivenöl (n) | vaj ulliri (m) | [vaj ułíri] |

Milch (f)	qumësht (m)	[cúməʃt]
Kondensmilch (f)	qumësht i kondensuar (m)	[cúməʃt i kondɛnsúar]
Joghurt (m)	kos (m)	[kos]
saure Sahne (f)	salcë kosi (f)	[sáltsə kosi]

Sahne (f)	krem qumështi (m)	[krɛm cúməʃti]
Mayonnaise (f)	majonezë (f)	[majonézə]
Buttercreme (f)	krem gjalpi (m)	[krɛm ɟálpi]
Grütze (f)	drithëra (pl)	[dríθəra]
Mehl (n)	miell (m)	[míɛɫ]
Konserven (pl)	konserva (f)	[konsérva]
Maisflocken (pl)	kornfleiks (m)	[kornfléiks]
Honig (m)	mjaltë (f)	[mjáltə]
Marmelade (f)	reçel (m)	[rɛtʃél]
Kaugummi (m, n)	çamçakëz (m)	[tʃamtʃakéz]

53. Getränke

Wasser (n)	ujë (m)	[újə]
Trinkwasser (n)	ujë i pijshëm (m)	[újə i píjʃəm]
Mineralwasser (n)	ujë mineral (m)	[újə minɛrál]
still	ujë natyral	[újə natyrál]
mit Kohlensäure	ujë i karbonuar	[újə i karbonúar]
mit Gas	ujë i gazuar	[újə i gazúar]
Eis (n)	akull (m)	[ákuɫ]
mit Eis	me akull	[mɛ ákuɫ]
alkoholfrei (Adj)	jo alkoolik	[jo alkoolík]
alkoholfreies Getränk (n)	pije e lehtë (f)	[píjɛ ɛ léhtə]
Erfrischungsgetränk (n)	pije freskuese (f)	[píjɛ frɛskúɛsɛ]
Limonade (f)	limonadë (f)	[limonádə]
Spirituosen (pl)	likere (pl)	[likérɛ]
Wein (m)	verë (f)	[vérə]
Weißwein (m)	verë e bardhë (f)	[vérə ɛ bárðə]
Rotwein (m)	verë e kuqe (f)	[vérə ɛ kúcɛ]
Likör (m)	liker (m)	[likér]
Champagner (m)	shampanjë (f)	[ʃampáɲə]
Wermut (m)	vermut (m)	[vɛrmút]
Whisky (m)	uiski (m)	[víski]
Wodka (m)	vodkë (f)	[vódkə]
Gin (m)	xhin (m)	[dʒin]
Kognak (m)	konjak (m)	[koɲák]
Rum (m)	rum (m)	[rum]
Kaffee (m)	kafe (f)	[káfɛ]
schwarzer Kaffee (m)	kafe e zezë (f)	[káfɛ ɛ zézə]
Milchkaffee (m)	kafe me qumësht (m)	[káfɛ mɛ cúməʃt]
Cappuccino (m)	kapuçino (m)	[kaputʃíno]
Pulverkaffee (m)	neskafe (f)	[nɛskáfɛ]
Milch (f)	qumësht (m)	[cúməʃt]
Cocktail (m)	koktej (m)	[koktéj]
Milchcocktail (m)	milkshake (f)	[milkʃákɛ]

Saft (m)	lëng frutash (m)	[ləŋ frútaʃ]
Tomatensaft (m)	lëng domatesh (m)	[ləŋ domátɛʃ]
Orangensaft (m)	lëng portokalli (m)	[ləŋ portokáɫi]
frisch gepresster Saft (m)	lëng frutash i freskët (m)	[ləŋ frútaʃ i frésket]
Bier (n)	birrë (f)	[bírə]
Helles (n)	birrë e lehtë (f)	[bírə ɛ léhtə]
Dunkelbier (n)	birrë e zezë (f)	[bírə ɛ zézə]
Tee (m)	çaj (m)	[tʃáj]
schwarzer Tee (m)	çaj i zi (m)	[tʃáj i zí]
grüner Tee (m)	çaj jeshil (m)	[tʃáj jɛʃíl]

54. Gemüse

Gemüse (n)	perime (pl)	[pɛrímɛ]
grünes Gemüse (pl)	zarzavate (pl)	[zarzavátɛ]
Tomate (f)	domate (f)	[domátɛ]
Gurke (f)	kastravec (m)	[kastravéts]
Karotte (f)	karotë (f)	[karótə]
Kartoffel (f)	patate (f)	[patátɛ]
Zwiebel (f)	qepë (f)	[cépə]
Knoblauch (m)	hudhër (f)	[húðər]
Kohl (m)	lakër (f)	[lákər]
Blumenkohl (m)	lulelakër (f)	[lulɛlákər]
Rosenkohl (m)	lakër Brukseli (f)	[lákər brukséli]
Brokkoli (m)	brokoli (m)	[brókoli]
Rote Bete (f)	panxhar (m)	[pandʒár]
Aubergine (f)	patëllxhan (m)	[patəɫdʒán]
Zucchini (f)	kungulleshë (m)	[kuŋuɫéʃə]
Kürbis (m)	kungull (m)	[kúŋuɫ]
Rübe (f)	rrepë (f)	[répə]
Petersilie (f)	majdanoz (m)	[majdanóz]
Dill (m)	kopër (f)	[kópər]
Kopf Salat (m)	sallatë jeshile (f)	[saɫátə jɛʃílɛ]
Sellerie (m)	selino (f)	[sɛlíno]
Spargel (m)	asparagus (m)	[asparágus]
Spinat (m)	spinaq (m)	[spinác]
Erbse (f)	bizele (f)	[bizélɛ]
Bohnen (pl)	fasule (f)	[fasúlɛ]
Mais (m)	misër (m)	[mísər]
weiße Bohne (f)	groshë (f)	[gróʃə]
Paprika (m)	spec (m)	[spɛts]
Radieschen (n)	rrepkë (f)	[répkə]
Artischocke (f)	angjinare (f)	[anɟinárɛ]

55. Obst. Nüsse

Frucht (f)	frut (m)	[frut]
Apfel (m)	mollë (f)	[móⱡə]
Birne (f)	dardhë (f)	[dárðe]
Zitrone (f)	limon (m)	[limón]
Apfelsine (f)	portokall (m)	[portokáⱡ]
Erdbeere (f)	luleshtrydhe (f)	[luleʃtrýðɛ]

Mandarine (f)	mandarinë (f)	[mandaríne]
Pflaume (f)	kumbull (f)	[kúmbuⱡ]
Pfirsich (m)	pjeshkë (f)	[pjéʃkə]
Aprikose (f)	kajsi (f)	[kajsí]
Himbeere (f)	mjedër (f)	[mjédər]
Ananas (f)	ananas (m)	[ananás]

Banane (f)	banane (f)	[banánɛ]
Wassermelone (f)	shalqi (m)	[ʃalcí]
Weintrauben (pl)	rrush (m)	[ruʃ]
Sauerkirsche (f)	qershi vishnje (f)	[cɛrʃí víʃɲɛ]
Süßkirsche (f)	qershi (f)	[cɛrʃí]
Melone (f)	pjepër (m)	[pjépər]

Grapefruit (f)	grejpfrut (m)	[grɛjpfrút]
Avocado (f)	avokado (f)	[avokádo]
Papaya (f)	papaja (f)	[papája]
Mango (f)	mango (f)	[máŋo]
Granatapfel (m)	shegë (f)	[ʃégə]

rote Johannisbeere (f)	kaliboba e kuqe (f)	[kalibóba ɛ kúcɛ]
schwarze Johannisbeere (f)	kaliboba e zezë (f)	[kalibóba ɛ zézə]
Stachelbeere (f)	kulumbri (f)	[kulumbrí]
Heidelbeere (f)	boronicë (f)	[boronítsə]
Brombeere (f)	manaferra (f)	[manaféra]

Rosinen (pl)	rrush i thatë (m)	[ruʃ i θátə]
Feige (f)	fik (m)	[fik]
Dattel (f)	hurmë (f)	[húrmə]

Erdnuss (f)	kikirik (m)	[kikirík]
Mandel (f)	bajame (f)	[bajámɛ]
Walnuss (f)	arrë (f)	[árə]
Haselnuss (f)	lajthi (f)	[lajθí]
Kokosnuss (f)	arrë kokosi (f)	[árə kokósi]
Pistazien (pl)	fëstëk (m)	[fəstə́k]

56. Brot. Süßigkeiten

Konditorwaren (pl)	ëmbëlsira (pl)	[əmbəlsíra]
Brot (n)	bukë (f)	[búkə]
Keks (m, n)	biskota (pl)	[biskóta]
Schokolade (f)	çokollatë (f)	[tʃokoⱡátə]
Schokoladen-	prej çokollate	[prɛj tʃokoⱡátɛ]

Bonbon (m, n)	karamele (f)	[karamélɛ]
Kuchen (m)	kek (m)	[kék]
Torte (f)	tortë (f)	[tórtə]

Kuchen (Apfel-)	tortë (f)	[tórtə]
Füllung (f)	mbushje (f)	[mbúʃjɛ]

Konfitüre (f)	reçel (m)	[rɛtʃél]
Marmelade (f)	marmelatë (f)	[marmɛlátə]
Waffeln (pl)	vafera (pl)	[vaféra]
Eis (n)	akullore (f)	[akuɫórɛ]
Pudding (m)	puding (m)	[pudíŋ]

57. Gewürze

Salz (n)	kripë (f)	[krípə]
salzig (Adj)	i kripur	[i krípur]
salzen (vt)	hedh kripë	[hɛð krípə]

schwarzer Pfeffer (m)	piper i zi (m)	[pipér i zi]
roter Pfeffer (m)	piper i kuq (m)	[pipér i kuc]
Senf (m)	mustardë (f)	[mustárdə]
Meerrettich (m)	rrepë djegëse (f)	[répə djégəsɛ]

Gewürz (n)	salcë (f)	[sáltsə]
Gewürz (n)	erëz (f)	[érəz]
Soße (f)	salcë (f)	[sáltsə]
Essig (m)	uthull (f)	[úθuɫ]

Anis (m)	anisetë (f)	[anisétə]
Basilikum (n)	borzilok (m)	[borzilók]
Nelke (f)	karafil (m)	[karafíl]
Ingwer (m)	xhenxhefil (m)	[dʒɛndʒɛfíl]
Koriander (m)	koriandër (m)	[koriándər]
Zimt (m)	kanellë (f)	[kanéɫə]

Sesam (m)	susam (m)	[susám]
Lorbeerblatt (n)	gjeth dafine (m)	[ʝɛθ dafínɛ]
Paprika (m)	spec (m)	[spɛts]
Kümmel (m)	kumin (m)	[kumín]
Safran (m)	shafran (m)	[ʃafrán]

PERSÖNLICHE INFORMATIONEN. FAMILIE

58. Persönliche Informationen. Formulare

Vorname (m)	emër (m)	[émər]
Name (m)	mbiemër (m)	[mbiémər]
Geburtsdatum (n)	datëlindje (f)	[datəlíndjɛ]
Geburtsort (m)	vendlindje (f)	[vɛndlíndjɛ]
Nationalität (f)	kombësi (f)	[kombəsí]
Wohnort (m)	vendbanim (m)	[vɛndbaním]
Land (n)	shtet (m)	[ʃtɛt]
Beruf (m)	profesion (m)	[profɛsión]
Geschlecht (n)	gjinia (f)	[ɟinía]
Größe (f)	gjatësia (f)	[ɟatəsía]
Gewicht (n)	peshë (f)	[péʃə]

59. Familienmitglieder. Verwandte

Mutter (f)	nënë (f)	[nénə]
Vater (m)	baba (f)	[babá]
Sohn (m)	bir (m)	[bir]
Tochter (f)	bijë (f)	[bíjə]
jüngste Tochter (f)	vajza e vogël (f)	[vájza ɛ vógəl]
jüngste Sohn (m)	djali i vogël (m)	[djáli i vógəl]
ältere Tochter (f)	vajza e madhe (f)	[vájza ɛ máðɛ]
älterer Sohn (m)	djali i vogël (m)	[djáli i vógəl]
Bruder (m)	vëlla (m)	[vəłá]
älterer Bruder (m)	vëllai i madh (m)	[vəłái i mað]
jüngerer Bruder (m)	vëllai i vogël (m)	[vəłai i vógəl]
Schwester (f)	motër (f)	[mótər]
ältere Schwester (f)	motra e madhe (f)	[mótra ɛ máðɛ]
jüngere Schwester (f)	motra e vogël (f)	[mótra ɛ vógəl]
Cousin (m)	kushëri (m)	[kuʃərí]
Cousine (f)	kushërirë (f)	[kuʃərírə]
Mama (f)	mami (f)	[mámi]
Papa (m)	babi (m)	[bábi]
Eltern (pl)	prindër (pl)	[príndər]
Kind (n)	fëmijë (f)	[fəmíjə]
Kinder (pl)	fëmijë (pl)	[fəmíjə]
Großmutter (f)	gjyshe (f)	[ɟýʃɛ]
Großvater (m)	gjysh (m)	[ɟyʃ]

Enkel (m)	nip (m)	[nip]
Enkelin (f)	mbesë (f)	[mbésə]
Enkelkinder (pl)	nipër e mbesa (pl)	[nípər ɛ mbésa]

Onkel (m)	dajë (f)	[dájə]
Tante (f)	teze (f)	[tézɛ]
Neffe (m)	nip (m)	[nip]
Nichte (f)	mbesë (f)	[mbésə]

Schwiegermutter (f)	vjehrrë (f)	[vjéhrə]
Schwiegervater (m)	vjehrri (m)	[vjéhri]
Schwiegersohn (m)	dhëndër (m)	[ðéndər]
Stiefmutter (f)	njerkë (f)	[ɲérkə]
Stiefvater (m)	njerk (m)	[ɲérk]

Säugling (m)	foshnjë (f)	[fóʃɲə]
Kleinkind (n)	fëmijë (f)	[fəmíjə]
Kleine (m)	djalosh (m)	[djalóʃ]

Frau (f)	bashkëshorte (f)	[baʃkəʃórtɛ]
Mann (m)	bashkëshort (m)	[baʃkəʃórt]
Ehemann (m)	bashkëshort (m)	[baʃkəʃórt]
Gemahlin (f)	bashkëshorte (f)	[baʃkəʃórtɛ]

verheiratet (Ehemann)	i martuar	[i martúar]
verheiratet (Ehefrau)	e martuar	[ɛ martúar]
ledig	beqar	[bɛcár]
Junggeselle (m)	beqar (m)	[bɛcár]
geschieden (Adj)	i divorcuar	[i divortsúar]
Witwe (f)	vejushë (f)	[vɛjúʃə]
Witwer (m)	vejan (m)	[vɛján]

Verwandte (m)	kushëri (m)	[kuʃərí]
naher Verwandter (m)	kushëri i afërt (m)	[kuʃərí i áfərt]
entfernter Verwandter (m)	kushëri i largët (m)	[kuʃərí i lárgət]
Verwandte (pl)	kushërinj (pl)	[kuʃəríɲ]

Waisenjunge (m)	jetim (m)	[jɛtím]
Waisenmädchen (f)	jetime (f)	[jɛtímɛ]
Vormund (m)	kujdestar (m)	[kujdɛstár]
adoptieren (einen Jungen)	adoptoj	[adoptój]
adoptieren (ein Mädchen)	adoptoj	[adoptój]

60. Freunde. Arbeitskollegen

Freund (m)	mik (m)	[mik]
Freundin (f)	mike (f)	[míkɛ]
Freundschaft (f)	miqësi (f)	[micəsí]
befreundet sein	të miqësohem	[tə micəsóhɛm]

Freund (m)	shok (m)	[ʃok]
Freundin (f)	shoqe (f)	[ʃócɛ]
Partner (m)	partner (m)	[partnér]
Chef (m)	shef (m)	[ʃɛf]

Vorgesetzte (m)	epror (m)	[ɛprór]
Besitzer (m)	pronar (m)	[pronár]
Untergeordnete (m)	vartës (m)	[vártəs]
Kollege (m), Kollegin (f)	koleg (m)	[kolég]

Bekannte (m)	i njohur (m)	[i ɲóhuɾ]
Reisegefährte (m)	bashkudhëtar (m)	[baʃkuðətáɾ]
Mitschüler (m)	shok klase (m)	[ʃok klásɛ]

Nachbar (m)	komshi (m)	[komʃí]
Nachbarin (f)	komshike (f)	[komʃíkɛ]
Nachbarn (pl)	komshinj (pl)	[komʃíɲ]

MENSCHLICHER KÖRPER. MEDIZIN

61. Kopf

Kopf (m)	kokë (f)	[kókə]
Gesicht (n)	fytyrë (f)	[fytýrə]
Nase (f)	hundë (f)	[húndə]
Mund (m)	gojë (f)	[gójə]
Auge (n)	sy (m)	[sy]
Augen (pl)	sytë	[sýtə]
Pupille (f)	bebëz (f)	[bébəz]
Augenbraue (f)	vetull (f)	[vétuɫ]
Wimper (f)	qerpik (m)	[cɛrpík]
Augenlid (n)	qepallë (f)	[cɛpáɫə]
Zunge (f)	gjuhë (f)	[ɟúhə]
Zahn (m)	dhëmb (m)	[ðəmb]
Lippen (pl)	buzë (f)	[búzə]
Backenknochen (pl)	mollëza (f)	[móɫəza]
Zahnfleisch (n)	mishrat e dhëmbëve	[míʃrat ɛ ðəmbəvɛ]
Gaumen (m)	qiellzë (f)	[ciéɫzə]
Nasenlöcher (pl)	vrimat e hundës (pl)	[vrímat ɛ húndəs]
Kinn (n)	mjekër (f)	[mjékər]
Kiefer (m)	nofull (f)	[nófuɫ]
Wange (f)	faqe (f)	[fácɛ]
Stirn (f)	ball (m)	[báɫ]
Schläfe (f)	tëmth (m)	[təmθ]
Ohr (n)	vesh (m)	[vɛʃ]
Nacken (m)	zverk (m)	[zvɛrk]
Hals (m)	qafë (f)	[cáfə]
Kehle (f)	fyt (m)	[fyt]
Haare (pl)	flokë (pl)	[flókə]
Frisur (f)	model flokësh (m)	[modél flókəʃ]
Haarschnitt (m)	prerje flokësh (f)	[prérjɛ flókəʃ]
Perücke (f)	paruke (f)	[parúkɛ]
Schnurrbart (m)	mustaqe (f)	[mustácɛ]
Bart (m)	mjekër (f)	[mjékər]
haben (einen Bart ~)	lë mjekër	[lə mjékər]
Zopf (m)	gërshet (m)	[gərʃét]
Backenbart (m)	baseta (f)	[baséta]
rothaarig	flokëkuqe	[flokəkúcɛ]
grau	thinja	[θíɲa]
kahl	qeros	[cɛrós]
Glatze (f)	tullë (f)	[túɫə]

| Pferdeschwanz (m) | bishtalec (m) | [biʃtaléts] |
| Pony (Ponyfrisur) | balluke (f) | [baɫúkɛ] |

62. Menschlicher Körper

| Hand (f) | dorë (f) | [dórə] |
| Arm (m) | krah (m) | [krah] |

Finger (m)	gisht i dorës (m)	[gíʃt i dórəs]
Zehe (f)	gisht i këmbës (m)	[gíʃt i kémbəs]
Daumen (m)	gishti i madh (m)	[gíʃti i máð]
kleiner Finger (m)	gishti i vogël (m)	[gíʃti i vógəl]
Nagel (m)	thua (f)	[θúa]

Faust (f)	grusht (m)	[grúʃt]
Handfläche (f)	pëllëmbë dore (f)	[pəɫémbə dórɛ]
Handgelenk (n)	kyç (m)	[kytʃ]
Unterarm (m)	parakrah (m)	[parakráh]
Ellbogen (m)	bërryl (m)	[bərýl]
Schulter (f)	shpatull (f)	[ʃpátuɫ]

Bein (n)	këmbë (f)	[kémbə]
Fuß (m)	shputë (f)	[ʃpútə]
Knie (n)	gju (m)	[ɟú]
Wade (f)	pulpë (f)	[púlpə]
Hüfte (f)	ijë (f)	[íjə]
Ferse (f)	thembër (f)	[θémbər]

Körper (m)	trup (m)	[trup]
Bauch (m)	stomak (m)	[stomák]
Brust (f)	kraharor (m)	[kraharór]
Busen (m)	gjoks (m)	[ɟóks]
Seite (f), Flanke (f)	krah (m)	[krah]
Rücken (m)	kurriz (m)	[kuríz]
Kreuz (n)	fundshpina (f)	[fundʃpína]
Taille (f)	beli (m)	[béli]

Nabel (m)	kërthizë (f)	[kərθízə]
Gesäßbacken (pl)	vithe (f)	[víθɛ]
Hinterteil (n)	prapanica (f)	[prapanítsa]

Leberfleck (m)	nishan (m)	[niʃán]
Muttermal (n)	shenjë lindjeje (f)	[ʃéɲə líndjɛjɛ]
Tätowierung (f)	tatuazh (m)	[tatuáʒ]
Narbe (f)	shenjë (f)	[ʃéɲə]

63. Krankheiten

Krankheit (f)	sëmundje (f)	[səmúndjɛ]
krank sein	jam sëmurë	[jam səmúrə]
Gesundheit (f)	shëndet (m)	[ʃəndét]
Schnupfen (m)	rrifë (f)	[rífə]

Angina (f)	grykët (m)	[grýkət]
Erkältung (f)	ftohje (f)	[ftóhjɛ]
sich erkälten	ftohem	[ftóhɛm]

Bronchitis (f)	bronkit (m)	[bronkít]
Lungenentzündung (f)	pneumoni (f)	[pnɛumoní]
Grippe (f)	grip (m)	[grip]

kurzsichtig	miop	[mióp]
weitsichtig	presbit	[prɛsbít]
Schielen (n)	strabizëm (m)	[strabízəm]
schielend (Adj)	strabik	[strabík]
grauer Star (m)	katarakt (m)	[katarákt]
Glaukom (n)	glaukoma (f)	[glaukóma]

Schlaganfall (m)	goditje (f)	[godítjɛ]
Infarkt (m)	sulm në zemër (m)	[sulm nə zémər]
Herzinfarkt (m)	infarkt miokardiak (m)	[infárkt miokardiák]
Lähmung (f)	paralizë (f)	[paralízə]
lähmen (vt)	paralizoj	[paralizój]

Allergie (f)	alergji (f)	[alɛrɟí]
Asthma (n)	astmë (f)	[ástmə]
Diabetes (m)	diabet (m)	[diabét]

Zahnschmerz (m)	dhimbje dhëmbi (f)	[ðímbjɛ ðémbi]
Karies (f)	karies (m)	[kariés]

Durchfall (m)	diarre (f)	[diaré]
Verstopfung (f)	kapsllëk (m)	[kapsɬék]
Magenverstimmung (f)	dispepsi (f)	[dispɛpsí]
Vergiftung (f)	helmim (m)	[hɛlmím]
Vergiftung bekommen	helmohem nga ushqimi	[hɛlmóhɛm ŋa uʃcími]

Arthritis (f)	artrit (m)	[artrít]
Rachitis (f)	rakit (m)	[rakít]
Rheumatismus (m)	reumatizëm (m)	[rɛumatízəm]
Atherosklerose (f)	arteriosklerozë (f)	[artɛrioskۤlɛrózə]

Gastritis (f)	gastrit (m)	[gastrít]
Blinddarmentzündung (f)	apendicit (m)	[apɛnditsít]
Cholezystitis (f)	kolecistit (m)	[kolɛtsistít]
Geschwür (n)	ulcerë (f)	[ultsérə]

Masern (pl)	fruth (m)	[fruθ]
Röteln (pl)	rubeola (f)	[rubɛóla]
Gelbsucht (f)	verdhëza (f)	[vérðəza]
Hepatitis (f)	hepatit (m)	[hɛpatít]

Schizophrenie (f)	skizofreni (f)	[skizofrɛní]
Tollwut (f)	sëmundje e tërbimit (f)	[səmúndjɛ ɛ tərbímit]
Neurose (f)	neurozë (f)	[nɛurózə]
Gehirnerschütterung (f)	tronditje (f)	[trondítjɛ]

Krebs (m)	kancer (m)	[kantsér]
Sklerose (f)	sklerozë (f)	[sklɛrózə]

multiple Sklerose (f)	sklerozë e shumëfishtë (f)	[sklɛrózə ɛ ʃuməfíʃtə]
Alkoholismus (m)	alkoolizëm (m)	[alkoolízəm]
Alkoholiker (m)	alkoolik (m)	[alkoolík]
Syphilis (f)	sifiliz (m)	[sifilíz]
AIDS	SIDA (f)	[sída]

Tumor (m)	tumor (m)	[tumór]
bösartig	malinj	[malíɲ]
gutartig	beninj	[bɛníɲ]

Fieber (n)	ethe (f)	[éθɛ]
Malaria (f)	malarie (f)	[malaríɛ]
Gangrän (f, n)	gangrenë (f)	[gaŋrénə]
Seekrankheit (f)	sëmundje deti (f)	[səmúndjɛ déti]
Epilepsie (f)	epilepsi (f)	[ɛpilɛpsí]

Epidemie (f)	epidemi (f)	[ɛpidɛmí]
Typhus (m)	tifo (f)	[tífo]
Tuberkulose (f)	tuberkuloz (f)	[tubɛrkulóz]
Cholera (f)	kolerë (f)	[kolérə]
Pest (f)	murtaja (f)	[murtája]

64. Symptome. Behandlungen. Teil 1

Symptom (n)	simptomë (f)	[simptómə]
Temperatur (f)	temperaturë (f)	[tɛmpɛratúrə]
Fieber (n)	temperaturë e lartë (f)	[tɛmpɛratúrə ɛ lártə]
Puls (m)	puls (m)	[puls]

Schwindel (m)	marrje mendsh (m)	[márjɛ méndʃ]
heiß (Stirne usw.)	i nxehtë	[i ndzéhtə]
Schüttelfrost (m)	drithërima (f)	[driθəríma]
blass (z.B. -es Gesicht)	i zbehur	[i zbéhur]

Husten (m)	kollë (f)	[kółə]
husten (vi)	kollitem	[kołítɛm]
niesen (vi)	teshtij	[tɛʃtíj]
Ohnmacht (f)	të fikët (f)	[tə fíkət]
ohnmächtig werden	bie të fikët	[bíɛ tə fíkət]

blauer Fleck (m)	mavijosje (f)	[mavijósjɛ]
Beule (f)	gungë (f)	[gúŋə]
sich stoßen	godas	[godás]
Prellung (f)	lëndim (m)	[ləndím]
sich stoßen	lëndohem	[ləndóhɛm]

hinken (vi)	çaloj	[tʃalój]
Verrenkung (f)	dislokim (m)	[dislokím]
ausrenken (vt)	del nga vendi	[dɛl ŋa véndi]
Fraktur (f)	thyerje (f)	[θýɛrjɛ]
brechen (Arm usw.)	thyej	[θýɛj]

Schnittwunde (f)	e prerë (f)	[ɛ prérə]
sich schneiden	pres veten	[prɛs vétɛn]

Blutung (f)	rrjedhje gjaku (f)	[rjéðjɛ ɟáku]
Verbrennung (f)	djegie (f)	[djégiɛ]
sich verbrennen	digjem	[díɟɛm]

stechen (vt)	shpoj	[ʃpoj]
sich stechen	shpohem	[ʃpóhɛm]
verletzen (vt)	dëmtoj	[dəmtój]
Verletzung (f)	dëmtim (m)	[dəmtím]
Wunde (f)	plagë (f)	[plágə]
Trauma (n)	traumë (f)	[traúmə]

irrereden (vi)	fol përçart	[fól pərtʃárt]
stottern (vi)	belbëzoj	[bɛlbəzój]
Sonnenstich (m)	pikë e diellit (f)	[píkə ɛ diéɬit]

65. Symptome. Behandlungen. Teil 2

| Schmerz (m) | dhimbje (f) | [ðímbjɛ] |
| Splitter (m) | cifël (f) | [tsífəl] |

Schweiß (m)	djersë (f)	[djérsə]
schwitzen (vi)	djersij	[djɛrsíj]
Erbrechen (n)	të vjella (f)	[tə vjéɬa]
Krämpfe (pl)	konvulsione (f)	[konvulsiónɛ]

schwanger	shtatzënë	[ʃtatzénə]
geboren sein	lind	[lind]
Geburt (f)	lindje (f)	[líndjɛ]
gebären (vt)	sjell në jetë	[sjɛt nə jétə]
Abtreibung (f)	abort (m)	[abórt]

Atem (m)	frymëmarrje (f)	[fryməmárjɛ]
Atemzug (m)	mbajtje e frymës (f)	[mbájtjɛ ɛ frýməs]
Ausatmung (f)	lëshim i frymës (m)	[ləʃím i frýməs]
ausatmen (vt)	nxjerr frymën	[ndzjér frýmən]
einatmen (vt)	marr frymë	[mar frýmə]

Invalide (m)	invalid (m)	[invalíd]
Krüppel (m)	i gjymtuar (m)	[i ɟymtúar]
Drogenabhängiger (m)	narkoman (m)	[narkomán]

taub	shurdh	[ʃurð]
stumm	memec	[mɛméts]
taubstumm	shurdh-memec	[ʃurð-mɛméts]

verrückt (Adj)	i marrë	[i márə]
Irre (m)	i çmendur (m)	[i tʃméndur]
Irre (f)	e çmendur (f)	[ɛ tʃméndur]
den Verstand verlieren	çmendem	[tʃméndɛm]

Gen (n)	gen (m)	[gɛn]
Immunität (f)	imunitet (m)	[imunitét]
erblich	e trashëguar	[ɛ traʃəgúar]
angeboren	e lindur	[ɛ líndur]

Virus (m, n)	virus (m)	[virús]
Mikrobe (f)	mikrob (m)	[mikrób]
Bakterie (f)	bakterie (f)	[baktériɛ]
Infektion (f)	infeksion (m)	[infɛksión]

66. Symptome. Behandlungen. Teil 3

| Krankenhaus (n) | spital (m) | [spitál] |
| Patient (m) | pacient (m) | [patsiént] |

Diagnose (f)	diagnozë (f)	[diagnózə]
Heilung (f)	kurë (f)	[kúrə]
Behandlung (f)	trajtim mjekësor (m)	[trajtím mjɛkəsór]
Behandlung bekommen	kurohem	[kuróhɛm]
behandeln (vt)	kuroj	[kurój]
pflegen (Kranke)	kujdesem	[kujdésɛm]
Pflege (f)	kujdes (m)	[kujdés]

Operation (f)	operacion (m)	[opɛratsión]
verbinden (vt)	fashoj	[faʃój]
Verband (m)	fashim (m)	[faʃím]

Impfung (f)	vaksinim (m)	[vaksiním]
impfen (vt)	vaksinoj	[vaksinój]
Spritze (f)	injeksion (m)	[iɲɛksión]
eine Spritze geben	bëj injeksion	[bəj iɲɛksíon]

Anfall (m)	atak (m)	[aták]
Amputation (f)	amputim (m)	[amputím]
amputieren (vt)	amputoj	[amputój]
Koma (n)	komë (f)	[kómə]
im Koma liegen	jam në komë	[jam nə kómə]
Reanimation (f)	kujdes intensiv (m)	[kujdés intɛnsív]

genesen von … (vi)	shërohem	[ʃəróhɛm]
Zustand (m)	gjendje (f)	[ɟéndjɛ]
Bewusstsein (n)	vetëdije (f)	[vɛtədíjɛ]
Gedächtnis (n)	kujtesë (f)	[kujtésə]

ziehen (einen Zahn ~)	heq	[hɛc]
Plombe (f)	mbushje (f)	[mbúʃɛ]
plombieren (vt)	mbush	[mbúʃ]

| Hypnose (f) | hipnozë (f) | [hipnózə] |
| hypnotisieren (vt) | hipnotizim | [hipnotizím] |

67. Medizin. Medikamente. Accessoires

Arznei (f)	ilaç (m)	[ilátʃ]
Heilmittel (n)	mjekim (m)	[mjɛkím]
verschreiben (vt)	shkruaj recetë	[ʃkrúaj rɛtsétə]
Rezept (n)	recetë (f)	[rɛtsétə]

Tablette (f)	pilulë (f)	[pilúlə]
Salbe (f)	krem (m)	[krɛm]
Ampulle (f)	ampulë (f)	[ampúlə]
Mixtur (f)	përzierje (f)	[pərzíɛrjɛ]
Sirup (m)	shurup (m)	[ʃurúp]
Pille (f)	pilulë (f)	[pilúlə]
Pulver (n)	pudër (f)	[púdər]

Verband (m)	fashë garze (f)	[faʃə gárzɛ]
Watte (f)	pambuk (m)	[pambúk]
Jod (n)	jod (m)	[jod]

Pflaster (n)	leukoplast (m)	[lɛukoplást]
Pipette (f)	pikatore (f)	[pikatórɛ]
Thermometer (n)	termometër (m)	[tɛrmométər]
Spritze (f)	shiringë (f)	[ʃiríŋə]

Rollstuhl (m)	karrocë me rrota (f)	[karótsə mɛ róta]
Krücken (pl)	paterica (f)	[patɛrítsa]

Betäubungsmittel (n)	qetësues (m)	[cɛtəsúɛs]
Abführmittel (n)	laksativ (m)	[laksatív]
Spiritus (m)	alkool dezinfektues (m)	[alkoól dɛzinfɛktúɛs]
Heilkraut (n)	bimë mjekësore (f)	[bímə mjɛkəsórɛ]
Kräuter- (z.B. Kräutertee)	çaj bimor	[tʃáj bimór]

WOHNUNG

68. Wohnung

Wohnung (f)	apartament (m)	[apartamént]
Zimmer (n)	dhomë (f)	[ðómə]
Schlafzimmer (n)	dhomë gjumi (f)	[ðómə ɟúmi]
Esszimmer (n)	dhomë ngrënie (f)	[ðómə ŋrəníɛ]
Wohnzimmer (n)	dhomë ndeje (f)	[ðómə ndéjɛ]
Arbeitszimmer (n)	dhomë pune (f)	[ðómə púnɛ]
Vorzimmer (n)	hyrje (f)	[hýrjɛ]
Badezimmer (n)	banjo (f)	[báɲo]
Toilette (f)	tualet (m)	[tualét]
Decke (f)	tavan (m)	[taván]
Fußboden (m)	dysheme (f)	[dyʃɛmé]
Ecke (f)	qoshe (f)	[cóʃɛ]

69. Möbel. Innenausstattung

Möbel (n)	orendi (f)	[orɛndí]
Tisch (m)	tryezë (f)	[tryézə]
Stuhl (m)	karrige (f)	[karígɛ]
Bett (n)	shtrat (m)	[ʃtrat]
Sofa (n)	divan (m)	[diván]
Sessel (m)	kolltuk (m)	[koɫtúk]
Bücherschrank (m)	raft librash (m)	[ráft líbraʃ]
Regal (n)	sergjen (m)	[sɛrɟén]
Schrank (m)	gardërobë (f)	[gardəróbə]
Hakenleiste (f)	varëse (f)	[várəsɛ]
Kleiderständer (m)	varëse xhaketash (f)	[várəsɛ dʒakétaʃ]
Kommode (f)	komodë (f)	[komódə]
Couchtisch (m)	tryezë e ulët (f)	[tryézə ɛ úlət]
Spiegel (m)	pasqyrë (f)	[pascýrə]
Teppich (m)	qilim (m)	[cilím]
Matte (kleiner Teppich)	tapet (m)	[tapét]
Kamin (m)	oxhak (m)	[odʒák]
Kerze (f)	qiri (m)	[círi]
Kerzenleuchter (m)	shandan (m)	[ʃandán]
Vorhänge (pl)	perde (f)	[pérdɛ]
Tapete (f)	tapiceri (f)	[tapitsɛrí]

Jalousie (f)	grila (f)	[gríla]
Tischlampe (f)	llambë tavoline (f)	[ɬámbə tavolínɛ]
Leuchte (f)	llambadar muri (m)	[ɬambadár múri]
Stehlampe (f)	llambadar (m)	[ɬambadár]
Kronleuchter (m)	llambadar (m)	[ɬambadár]

Bein (Tischbein usw.)	këmbë (f)	[kə́mbə]
Armlehne (f)	mbështetëse krahu (f)	[mbəʃtétəsɛ kráhu]
Lehne (f)	mbështetëse (f)	[mbəʃtétəsɛ]
Schublade (f)	sirtar (m)	[sirtár]

70. Bettwäsche

Bettwäsche (f)	çarçafë (pl)	[tʃartʃáfə]
Kissen (n)	jastëk (m)	[jasték]
Kissenbezug (m)	këllëf jastëku (m)	[kəɬə́f jastéku]
Bettdecke (f)	jorgan (m)	[jorgán]
Laken (n)	çarçaf (m)	[tʃartʃáf]
Tagesdecke (f)	mbulesë (f)	[mbulésə]

71. Küche

Küche (f)	kuzhinë (f)	[kuʒínə]
Gas (n)	gaz (m)	[gaz]
Gasherd (m)	sobë me gaz (f)	[sóbə mɛ gaz]
Elektroherd (m)	sobë elektrike (f)	[sóbə ɛlɛktríkɛ]
Backofen (m)	furrë (f)	[fúrə]
Mikrowellenherd (m)	mikrovalë (f)	[mikrovále]

Kühlschrank (m)	frigorifer (m)	[frigorifér]
Tiefkühltruhe (f)	frigorifer (m)	[frigorifér]
Geschirrspülmaschine (f)	pjatalarëse (f)	[pjataláresɛ]

Fleischwolf (m)	grirëse mishi (f)	[gríresɛ míʃi]
Saftpresse (f)	shtrydhëse frutash (f)	[ʃtrýðesɛ frútaʃ]
Toaster (m)	toster (m)	[tostér]
Mixer (m)	mikser (m)	[miksér]

Kaffeemaschine (f)	makinë kafeje (f)	[makínə kaféjɛ]
Kaffeekanne (f)	kafetierë (f)	[kafɛtiérə]
Kaffeemühle (f)	mulli kafeje (f)	[muɬí káfɛjɛ]

Wasserkessel (m)	çajnik (m)	[tʃajník]
Teekanne (f)	çajnik (m)	[tʃajník]
Deckel (m)	kapak (m)	[kapák]
Teesieb (n)	sitë çaji (f)	[sítə tʃáji]

Löffel (m)	lugë (f)	[lúgə]
Teelöffel (m)	lugë çaji (f)	[lúgə tʃáji]
Esslöffel (m)	lugë gjelle (f)	[lúgə ɟétɛ]
Gabel (f)	pirun (m)	[pirún]
Messer (n)	thikë (f)	[θíkə]

Geschirr (n)	enë kuzhine (f)	[énə kuʒínɛ]
Teller (m)	pjatë (f)	[pjátə]
Untertasse (f)	pjatë filxhani (f)	[pjátə fildʒáni]

Schnapsglas (n)	potir (m)	[potír]
Glas (n)	gotë (f)	[gótə]
Tasse (f)	filxhan (m)	[fildʒán]

Zuckerdose (f)	tas për sheqer (m)	[tas pər ʃɛcér]
Salzstreuer (m)	kripore (f)	[kripórɛ]
Pfefferstreuer (m)	enë piperi (f)	[énə pipéri]
Butterdose (f)	pjatë gjalpi (f)	[pjátə ɟálpi]

Kochtopf (m)	tenxhere (f)	[tɛndʒérɛ]
Pfanne (f)	tigan (m)	[tigán]
Schöpflöffel (m)	garuzhdë (f)	[garúʒdə]
Durchschlag (m)	kullesë (f)	[kuɫésə]
Tablett (n)	tabaka (f)	[tabaká]

Flasche (f)	shishe (f)	[ʃíʃɛ]
Glas (Einmachglas)	kavanoz (m)	[kavanóz]
Dose (f)	kanoçe (f)	[kanótʃɛ]

Flaschenöffner (m)	hapëse shishesh (f)	[hapəsé ʃíʃɛʃ]
Dosenöffner (m)	hapëse kanoçesh (f)	[hapəsé kanótʃɛʃ]
Korkenzieher (m)	turjelë tapash (f)	[turjélə tápaʃ]
Filter (n)	filtër (m)	[fíltər]
filtern (vt)	filtroj	[filtrój]

| Müll (m) | pleh (m) | [plɛh] |
| Mülleimer, Treteimer (m) | kosh plehrash (m) | [koʃ pléhraʃ] |

72. Bad

Badezimmer (n)	banjo (f)	[báɲo]
Wasser (n)	ujë (m)	[újə]
Wasserhahn (m)	rubinet (m)	[rubinét]
Warmwasser (n)	ujë i nxehtë (f)	[újə i ndzéhtə]
Kaltwasser (n)	ujë i ftohtë (f)	[újə i ftóhtə]

Zahnpasta (f)	pastë dhëmbësh (f)	[pástə ðémbəʃ]
Zähne putzen	laj dhëmbët	[laj ðémbət]
Zahnbürste (f)	furçë dhëmbësh (f)	[fúrtʃə ðémbəʃ]

sich rasieren	rruhem	[rúhɛm]
Rasierschaum (m)	shkumë rroje (f)	[ʃkumə rójɛ]
Rasierer (m)	brisk (m)	[brísk]

waschen (vt)	laj duart	[laj dúart]
sich waschen	lahem	[láhɛm]
Dusche (f)	dush (m)	[duʃ]
sich duschen	bëj dush	[bəj dúʃ]
Badewanne (f)	vaskë (f)	[váskə]
Klosettbecken (n)	tualet (m)	[tualét]

Waschbecken (n)	lavaman (m)	[lavamán]
Seife (f)	sapun (m)	[sapún]
Seifenschale (f)	pjatë sapuni (f)	[pjátə sapúni]

Schwamm (m)	sfungjer (m)	[sfuɲér]
Shampoo (n)	shampo (f)	[ʃampó]
Handtuch (n)	peshqir (m)	[pɛʃcír]
Bademantel (m)	peshqir trupi (m)	[pɛʃcír trúpi]

Wäsche (f)	larje (f)	[lárjɛ]
Waschmaschine (f)	makinë larëse (f)	[makínə lárəsɛ]
waschen (vt)	laj rroba	[laj róba]
Waschpulver (n)	detergjent (m)	[dɛtɛɾɟént]

73. Haushaltsgeräte

Fernseher (m)	televizor (m)	[tɛlɛvizór]
Tonbandgerät (n)	inçizues me shirit (m)	[intʃizúɛs mɛ ʃirít]
Videorekorder (m)	video regjistrues (m)	[vídɛo rɛɟistrúɛs]
Empfänger (m)	radio (f)	[rádio]
Player (m)	kasetofon (m)	[kasɛtofón]

Videoprojektor (m)	projektor (m)	[projɛktór]
Heimkino (n)	kinema shtëpie (f)	[kinɛmá ʃtəpíɛ]
DVD-Player (m)	DVD player (m)	[dividí plɛjər]
Verstärker (m)	amplifikator (m)	[amplifikatór]
Spielkonsole (f)	konsol video loje (m)	[konsól vídɛo lójɛ]

Videokamera (f)	videokamerë (f)	[vidɛokamérə]
Kamera (f)	aparat fotografik (m)	[aparát fotografík]
Digitalkamera (f)	kamerë digjitale (f)	[kamérə diɟitálɛ]

Staubsauger (m)	fshesë elektrike (f)	[fʃésə ɛlɛktríkɛ]
Bügeleisen (n)	hekur (m)	[hékur]
Bügelbrett (n)	tryezë për hekurosje (f)	[tryézə pər hɛkurósjɛ]

Telefon (n)	telefon (m)	[tɛlɛfón]
Mobiltelefon (n)	celular (m)	[tsɛlulár]
Schreibmaschine (f)	makinë shkrimi (f)	[makínə ʃkrími]
Nähmaschine (f)	makinë qepëse (f)	[makínə cépəsɛ]

Mikrophon (n)	mikrofon (m)	[mikrofón]
Kopfhörer (m)	kufje (f)	[kúfjɛ]
Fernbedienung (f)	telekomandë (f)	[tɛlɛkomándə]

CD (f)	CD (f)	[tsɛdé]
Kassette (f)	kasetë (f)	[kasétə]
Schallplatte (f)	pllakë gramafoni (f)	[płákə gramafóni]

DIE ERDE. WETTER

74. Weltall

Kosmos (m)	hapësirë (f)	[hapəsírə]
kosmisch, Raum-	hapësinor	[hapəsinór]
Weltraum (m)	kozmos (m)	[kozmós]
All (n)	botë (f)	[bótə]
Universum (n)	univers	[univérs]
Galaxie (f)	galaksi (f)	[galaksí]
Stern (m)	yll (m)	[yɫ]
Gestirn (n)	yllësi (f)	[yɫəsí]
Planet (m)	planet (m)	[planét]
Satellit (m)	satelit (m)	[satɛlít]
Meteorit (m)	meteor (m)	[mɛtɛór]
Komet (m)	kometë (f)	[kométə]
Asteroid (m)	asteroid (m)	[astɛroíd]
Umlaufbahn (f)	orbitë (f)	[orbítə]
sich drehen	rrotullohet	[rotuɫóhɛt]
Atmosphäre (f)	atmosferë (f)	[atmosférə]
Sonne (f)	Dielli (m)	[diéɫi]
Sonnensystem (n)	sistemi diellor (m)	[sistémi diɛɫór]
Sonnenfinsternis (f)	eklips diellor (m)	[ɛklíps diɛɫór]
Erde (f)	Toka (f)	[tóka]
Mond (m)	Hëna (f)	[hə́na]
Mars (m)	Marsi (m)	[mársi]
Venus (f)	Venera (f)	[vɛnéra]
Jupiter (m)	Jupiteri (m)	[jupitéri]
Saturn (m)	Saturni (m)	[satúrni]
Merkur (m)	Merkuri (m)	[mɛrkúri]
Uran (m)	Urani (m)	[uráni]
Neptun (m)	Neptuni (m)	[nɛptúni]
Pluto (m)	Pluto (f)	[plúto]
Milchstraße (f)	Rruga e Qumështit (f)	[rúga ɛ cúməʃtit]
Der Große Bär	Arusha e Madhe (f)	[arúʃa ɛ máðɛ]
Polarstern (m)	ylli i Veriut (m)	[ýɫi i vériut]
Marsbewohner (m)	Marsian (m)	[marsián]
Außerirdischer (m)	jashtëtokësor (m)	[jaʃtətokəsór]
außerirdisches Wesen (n)	alien (m)	[alién]

fliegende Untertasse (f)	disk fluturues (m)	[dísk fluturúɛs]
Raumschiff (n)	anije kozmike (f)	[aníjɛ kozmíkɛ]
Raumstation (f)	stacion kozmik (m)	[statsión kozmík]
Raketenstart (m)	ngritje (f)	[ŋrítjɛ]
Triebwerk (n)	motor (m)	[motór]
Düse (f)	dizë (f)	[dízə]
Treibstoff (m)	karburant (m)	[karburánt]
Kabine (f)	kabinë pilotimi (f)	[kabínə pilotími]
Antenne (f)	antenë (f)	[anténə]
Bullauge (n)	dritare anësore (f)	[dritárɛ anəsórɛ]
Sonnenbatterie (f)	panel solar (m)	[panél solár]
Raumanzug (m)	veshje astronauti (f)	[véʃjɛ astronáuti]
Schwerelosigkeit (f)	mungesë graviteti (f)	[muŋésə gravitéti]
Sauerstoff (m)	oksigjen (m)	[oksiɟén]
Ankopplung (f)	ndërlidhje në hapësirë (f)	[ndərlíðjɛ nə hapəsírə]
koppeln (vi)	stacionohem	[statsionóhɛm]
Observatorium (n)	observator (m)	[obsɛrvatór]
Teleskop (n)	teleskop (m)	[tɛlɛskóp]
beobachten (vt)	vëzhgoj	[vəʒgój]
erforschen (vt)	eksploroj	[ɛksplorój]

75. Die Erde

Erde (f)	Toka (f)	[tóka]
Erdkugel (f)	globi (f)	[glóbi]
Planet (m)	planet (m)	[planét]
Atmosphäre (f)	atmosferë (f)	[atmosférə]
Geographie (f)	gjeografi (f)	[ɟɛografí]
Natur (f)	natyrë (f)	[natýrə]
Globus (m)	glob (m)	[glob]
Landkarte (f)	hartë (f)	[hártə]
Atlas (m)	atlas (m)	[atlás]
Europa (n)	Evropa (f)	[ɛvrópa]
Asien (n)	Azia (f)	[azía]
Afrika (n)	Afrika (f)	[afríka]
Australien (n)	Australia (f)	[australía]
Amerika (n)	Amerika (f)	[amɛríka]
Nordamerika (n)	Amerika Veriore (f)	[amɛríka vɛriórɛ]
Südamerika (n)	Amerika Jugore (f)	[amɛríka jugórɛ]
Antarktis (f)	Antarktika (f)	[antarktíka]
Arktis (f)	Arktiku (m)	[arktíku]

76. Himmelsrichtungen

Norden (m)	veri (m)	[vɛrí]
nach Norden	drejt veriut	[dréjt vériut]
im Norden	në veri	[nə vɛrí]
nördlich	verior	[vɛriór]
Süden (m)	jug (m)	[jug]
nach Süden	drejt jugut	[dréjt júgut]
im Süden	në jug	[nə jug]
südlich	jugor	[jugór]
Westen (m)	perëndim (m)	[pɛrəndím]
nach Westen	drejt perëndimit	[dréjt pɛrəndímit]
im Westen	në perëndim	[nə pɛrəndím]
westlich, West-	perëndimor	[pɛrəndimór]
Osten (m)	lindje (f)	[líndjɛ]
nach Osten	drejt lindjes	[dréjt líndjɛs]
im Osten	në lindje	[nə líndjɛ]
östlich	lindor	[lindór]

77. Meer. Ozean

Meer (n), See (f)	det (m)	[dét]
Ozean (m)	oqean (m)	[ocɛán]
Golf (m)	gji (m)	[ɟi]
Meerenge (f)	ngushticë (f)	[ŋuʃtítsə]
Festland (n)	tokë (f)	[tókə]
Kontinent (m)	kontinent (m)	[kontinént]
Insel (f)	ishull (m)	[íʃuɫ]
Halbinsel (f)	gadishull (m)	[gadíʃuɫ]
Archipel (m)	arkipelag (m)	[arkipɛlág]
Bucht (f)	gji (m)	[ɟi]
Hafen (m)	port (m)	[port]
Lagune (f)	lagunë (f)	[lagúnə]
Kap (n)	kep (m)	[kɛp]
Atoll (n)	atol (m)	[atól]
Riff (n)	shkëmb nënujor (m)	[ʃkəmb nənujór]
Koralle (f)	koral (m)	[korál]
Korallenriff (n)	korale nënujorë (f)	[korálɛ nənujórə]
tief (Adj)	i thellë	[i θéɫə]
Tiefe (f)	thellësi (f)	[θɛɫəsí]
Abgrund (m)	humnerë (f)	[humnérə]
Graben (m)	hendek (m)	[hɛndék]
Strom (m)	rrymë (f)	[rýmə]
umspülen (vt)	rrethohet	[rɛθóhɛt]

| Ufer (n) | breg (m) | [brɛg] |
| Küste (f) | bregdet (m) | [brɛgdét] |

Flut (f)	batica (f)	[batítsa]
Ebbe (f)	zbaticë (f)	[zbatítsə]
Sandbank (f)	cekëtinë (f)	[tsɛkətínə]
Boden (m)	fund i detit (m)	[fúnd i détit]

Welle (f)	dallgë (f)	[dáɫgə]
Wellenkamm (m)	kreshtë (f)	[kréʃtə]
Schaum (m)	shkumë (f)	[ʃkúmə]

Sturm (m)	stuhi (f)	[stuhí]
Orkan (m)	uragan (m)	[uragán]
Tsunami (m)	cunam (m)	[tsunám]
Windstille (f)	qetësi (f)	[cɛtəsí]
ruhig	i qetë	[i cétə]

| Pol (m) | pol (m) | [pol] |
| Polar- | polar | [polár] |

Breite (f)	gjerësi (f)	[ɟɛrəsí]
Länge (f)	gjatësi (f)	[ɟatəsí]
Breitenkreis (m)	paralele (f)	[paralélɛ]
Äquator (m)	ekuator (m)	[ɛkuatór]

Himmel (m)	qiell (m)	[cíɛɫ]
Horizont (m)	horizont (m)	[horizónt]
Luft (f)	ajër (m)	[ájər]

Leuchtturm (m)	fanar (m)	[fanár]
tauchen (vi)	zhytem	[ʒýtɛm]
versinken (vi)	fundosje	[fundósjɛ]
Schätze (pl)	thesare (pl)	[θɛsárɛ]

78. Namen der Meere und Ozeane

Atlantischer Ozean (m)	Oqeani Atlantik (m)	[ocɛáni atlantík]
Indischer Ozean (m)	Oqeani Indian (m)	[ocɛáni indián]
Pazifischer Ozean (m)	Oqeani Paqësor (m)	[ocɛáni pacəsór]
Arktischer Ozean (m)	Oqeani Arktik (m)	[ocɛáni arktík]

Schwarzes Meer (n)	Deti i Zi (m)	[déti i zí]
Rotes Meer (n)	Deti i Kuq (m)	[déti i kúc]
Gelbes Meer (n)	Deti i Verdhë (m)	[déti i vérðə]
Weißes Meer (n)	Deti i Bardhë (m)	[déti i bárðə]

Kaspisches Meer (n)	Deti Kaspik (m)	[déti kaspík]
Totes Meer (n)	Deti i Vdekur (m)	[déti i vdékur]
Mittelmeer (n)	Deti Mesdhe (m)	[déti mɛsðé]

Ägäisches Meer (n)	Deti Egje (m)	[déti ɛɟé]
Adriatisches Meer (n)	Deti Adriatik (m)	[déti adriatík]
Arabisches Meer (n)	Deti Arab (m)	[déti aráb]

Japanisches Meer (n)	Deti i Japonisë (m)	[déti i japonísə]
Beringmeer (n)	Deti Bering (m)	[déti bériŋ]
Südchinesisches Meer (n)	Deti i Kinës Jugore (m)	[déti i kínəs jugórɛ]

Korallenmeer (n)	Deti Koral (m)	[déti korál]
Tasmansee (f)	Deti Tasman (m)	[déti tasmán]
Karibisches Meer (n)	Deti i Karaibeve (m)	[déti i karaíbɛvɛ]

| Barentssee (f) | Deti Barents (m) | [déti barénts] |
| Karasee (f) | Deti Kara (m) | [déti kára] |

Nordsee (f)	Deti i Veriut (m)	[déti i vériut]
Ostsee (f)	Deti Baltik (m)	[déti baltík]
Nordmeer (n)	Deti Norvegjez (m)	[déti norvɛɟéz]

79. Berge

Berg (m)	mal (m)	[mal]
Gebirgskette (f)	vargmal (m)	[vargmál]
Bergrücken (m)	kresht malor (m)	[kréʃt malór]

Gipfel (m)	majë (f)	[májə]
Spitze (f)	maja më e lartë (f)	[mája mə ɛ lártə]
Bergfuß (m)	rrëza e malit (f)	[rəza ɛ málit]
Abhang (m)	shpat (m)	[ʃpat]

Vulkan (m)	vullkan (m)	[vuɫkán]
tätiger Vulkan (m)	vullkan aktiv (m)	[vuɫkán aktív]
schlafender Vulkan (m)	vullkan i fjetur (m)	[vuɫkán i fjétur]

Ausbruch (m)	shpërthim (m)	[ʃpərθím]
Krater (m)	krater (m)	[kratér]
Magma (n)	magmë (f)	[mágmə]
Lava (f)	llavë (f)	[ɫávə]
glühend heiß (-e Lava)	i shkrirë	[i ʃkrírə]

Cañon (m)	kanion (m)	[kanión]
Schlucht (f)	grykë (f)	[grýkə]
Spalte (f)	çarje (f)	[tʃárjɛ]
Abgrund (m) (steiler ~)	humnerë (f)	[humnérə]

Gebirgspass (m)	kalim (m)	[kalím]
Plateau (n)	pllajë (f)	[pɫájə]
Fels (m)	shkëmb (m)	[ʃkəmb]
Hügel (m)	kodër (f)	[kódər]

Gletscher (m)	akullnajë (f)	[akuɫnájə]
Wasserfall (m)	ujëvarë (f)	[ujəvárə]
Geiser (m)	gejzer (m)	[gɛjzér]
See (m)	liqen (m)	[licén]

Ebene (f)	fushë (f)	[fúʃə]
Landschaft (f)	peizazh (m)	[pɛizáʒ]
Echo (n)	jehonë (f)	[jɛhónə]

Bergsteiger (m)	alpinist (m)	[alpiníst]
Kletterer (m)	alpinist shkëmbßinjsh (m)	[alpiníst ʃkəmbiɲʃ]
bezwingen (vt)	pushtoj majën	[puʃtój májən]
Aufstieg (m)	ngjitje (f)	[ɲítjɛ]

80. Namen der Berge

Alpen (pl)	Alpet (pl)	[alpét]
Montblanc (m)	Montblanc (m)	[montblánk]
Pyrenäen (pl)	Pirenejet (pl)	[pirɛnéjɛt]

Karpaten (pl)	Karpatet (m)	[karpátɛt]
Uralgebirge (n)	Malet Urale (pl)	[málɛt urálɛ]
Kaukasus (m)	Malet Kaukaze (pl)	[málɛt kaukázɛ]
Elbrus (m)	Mali Elbrus (m)	[máli ɛlbrús]

Altai (m)	Malet Altai (pl)	[málɛt altái]
Tian Shan (m)	Tian Shani (m)	[tían ʃáni]
Pamir (m)	Malet e Pamirit (m)	[málɛt ɛ pamírit]
Himalaja (m)	Himalajet (pl)	[himalájɛt]
Everest (m)	Mali Everest (m)	[máli ɛvɛrést]

| Anden (pl) | andet (pl) | [ándɛt] |
| Kilimandscharo (m) | Mali Kilimanxharo (m) | [máli kilimandʒáro] |

81. Flüsse

Fluss (m)	lum (m)	[lum]
Quelle (f)	burim (m)	[burím]
Flussbett (n)	shtrat lumi (m)	[ʃtrat lúmi]
Stromgebiet (n)	basen (m)	[basén]
einmünden in ...	rrjedh ...	[rjéð ...]

| Nebenfluss (m) | derdhje (f) | [dérðjɛ] |
| Ufer (n) | breg (m) | [brɛg] |

Strom (m)	rrymë (f)	[rýmə]
stromabwärts	rrjedhje e poshtme	[rjéðjɛ ɛ póʃtmɛ]
stromaufwärts	rrjedhje e sipërme	[rjéðjɛ ɛ sípərmɛ]

Überschwemmung (f)	vërshim (m)	[vərʃím]
Hochwasser (n)	përmbytje (f)	[pərmbýtjɛ]
aus den Ufern treten	vërshon	[vərʃón]
überfluten (vt)	përmbytet	[pərmbýtɛt]

| Sandbank (f) | cekëtinë (f) | [tsɛkətínə] |
| Stromschnelle (f) | rrjedhë (f) | [rjéðə] |

Damm (m)	digë (f)	[dígə]
Kanal (m)	kanal (m)	[kanál]
Stausee (m)	rezervuar (m)	[rɛzɛrvuár]
Schleuse (f)	pendë ujore (f)	[péndə ujórɛ]

Gewässer (n)	plan hidrik (m)	[plan hidrík]
Sumpf (m), Moor (n)	kënetë (f)	[kənétə]
Marsch (f)	moçal (m)	[motʃ ál]
Strudel (m)	vorbull (f)	[vórbuɫ]
Bach (m)	përrua (f)	[pərúa]
Trink- (z.B. Trinkwasser)	i pijshëm	[i píʃʃəm]
Süß- (Wasser)	i freskët	[i fréskət]
Eis (n)	akull (m)	[ákuɫ]
zufrieren (vi)	ngrihet	[ŋríhɛt]

82. Namen der Flüsse

Seine (f)	Sena (f)	[séna]
Loire (f)	Loire (f)	[luar]
Themse (f)	Temza (f)	[témza]
Rhein (m)	Rajnë (m)	[rájnə]
Donau (f)	Danubi (m)	[danúbi]
Wolga (f)	Volga (f)	[vólga]
Don (m)	Doni (m)	[dóni]
Lena (f)	Lena (f)	[léna]
Gelber Fluss (m)	Lumi i Verdhë (m)	[lúmi i vérðə]
Jangtse (m)	Jangce (f)	[jaŋtsé]
Mekong (m)	Mekong (m)	[mɛkóŋ]
Ganges (m)	Gang (m)	[gaŋ]
Nil (m)	Lumi Nil (m)	[lúmi nil]
Kongo (m)	Lumi Kongo (m)	[lúmi kóŋo]
Okavango (m)	Lumi Okavango (m)	[lúmi okaváŋo]
Sambesi (m)	Lumi Zambezi (m)	[lúmi zambézi]
Limpopo (m)	Lumi Limpopo (m)	[lúmi limpópo]
Mississippi (m)	Lumi Misisipi (m)	[lúmi misisípi]

83. Wald

Wald (m)	pyll (m)	[pyɫ]
Wald-	pyjor	[pyjór]
Dickicht (n)	pyll i ngjeshur (m)	[pyɫ i nɟéʃur]
Gehölz (n)	zabel (m)	[zabél]
Lichtung (f)	lëndinë (f)	[ləndínə]
Dickicht (n)	pyllëz (m)	[pýɫəz]
Gebüsch (n)	shkurre (f)	[ʃkúrɛ]
Fußweg (m)	shteg (m)	[ʃtɛg]
Erosionsrinne (f)	hon (m)	[hon]
Baum (m)	pemë (f)	[pémə]

| Blatt (n) | gjeth (m) | [μεθ] |
| Laub (n) | gjethe (pl) | [μéθε] |

Laubfall (m)	rënie e gjetheve (f)	[rəníε ε ɟéθεvε]
fallen (Blätter)	bien	[bíεn]
Wipfel (m)	maje (f)	[májε]

Zweig (m)	degë (f)	[dégə]
Ast (m)	degë (f)	[dégə]
Knospe (f)	syth (m)	[syθ]
Nadel (f)	shtiza pishe (f)	[ʃtíza píʃε]
Zapfen (m)	lule pishe (f)	[lúlε píʃε]

Höhlung (f)	zgavër (f)	[zgávər]
Nest (n)	fole (f)	[folé]
Höhle (f)	strofull (f)	[strófuɫ]

Stamm (m)	trung (m)	[truŋ]
Wurzel (f)	rrënjë (f)	[réɲə]
Rinde (f)	lëvore (f)	[ləvórε]
Moos (n)	myshk (m)	[myʃk]

entwurzeln (vt)	shkul	[ʃkul]
fällen (vt)	pres	[prεs]
abholzen (vt)	shpyllëzoj	[ʃpyɫəzój]
Baumstumpf (m)	cung (m)	[tsúŋ]

Lagerfeuer (n)	zjarr kampingu (m)	[zjar kampíɲu]
Waldbrand (m)	zjarr në pyll (m)	[zjar nə pyɫ]
löschen (vt)	shuaj	[ʃúaj]

Förster (m)	roje pyjore (f)	[rójε pyjórε]
Schutz (m)	mbrojtje (f)	[mbrójtjε]
beschützen (vt)	mbroj	[mbrój]
Wilddieb (m)	gjahtar i jashtëligjshëm (m)	[ɟahtár i jaʃtəlíɟʃəm]
Falle (f)	grackë (f)	[grátskə]

| sammeln, pflücken (vt) | mbledh | [mbléð] |
| sich verirren | humb rrugën | [húmb rúgən] |

84. natürliche Lebensgrundlagen

Naturressourcen (pl)	burime natyrore (pl)	[burímε natyrórε]
Bodenschätze (pl)	minerale (pl)	[minεrálε]
Vorkommen (n)	depozita (pl)	[dεpozíta]
Feld (Ölfeld usw.)	fushë (f)	[fúʃə]

gewinnen (vt)	nxjerr	[ndzjér]
Gewinnung (f)	nxjerrje mineralesh (f)	[ndzjérjε minεrálεʃ]
Erz (n)	xehe (f)	[dzéhε]
Bergwerk (n)	minierë (f)	[miniérə]
Schacht (m)	nivel (m)	[nivél]
Bergarbeiter (m)	minator (m)	[minatór]
Erdgas (n)	gaz (m)	[gaz]

Gasleitung (f)	gazsjellës (m)	[gazsjéɫəs]
Erdöl (n)	naftë (f)	[náftə]
Erdölleitung (f)	naftësjellës (f)	[naftəsjéɫəs]
Ölquelle (f)	pus nafte (m)	[pus náftɛ]
Bohrturm (m)	burim nafte (m)	[burím náftɛ]
Tanker (m)	anije-cisternë (f)	[aníjɛ-tsistérnə]

Sand (m)	rërë (f)	[rə́rə]
Kalkstein (m)	gur gëlqeror (m)	[gur gəlcɛrór]
Kies (m)	zhavorr (m)	[ʒavór]
Torf (m)	torfë (f)	[tórfə]
Ton (m)	argjilë (f)	[aɾʝílə]
Kohle (f)	qymyr (m)	[cymýr]

Eisen (n)	hekur (m)	[hékur]
Gold (n)	ar (m)	[ár]
Silber (n)	argjend (m)	[aɾʝénd]
Nickel (n)	nikel (m)	[nikél]
Kupfer (n)	bakër (m)	[bákər]

Zink (n)	zink (m)	[zink]
Mangan (n)	mangan (m)	[maŋán]
Quecksilber (n)	merkur (m)	[mɛrkúɾ]
Blei (n)	plumb (m)	[plúmb]

Mineral (n)	mineral (m)	[minɛrál]
Kristall (m)	kristal (m)	[kristál]
Marmor (m)	mermer (m)	[mɛrmér]
Uran (n)	uranium (m)	[uraniúm]

85. Wetter

Wetter (n)	moti (m)	[móti]
Wetterbericht (m)	parashikimi i motit (m)	[paraʃikími i mótit]
Temperatur (f)	temperaturë (f)	[tɛmpɛratúrə]
Thermometer (n)	termometër (m)	[tɛrmométər]
Barometer (n)	barometër (m)	[barométər]

feucht	i lagësht	[i lágəʃt]
Feuchtigkeit (f)	lagështi (f)	[lagəʃtí]

Hitze (f)	vapë (f)	[vápə]
glutheiß	shumë nxehtë	[ʃúmə ndzéhtə]
ist heiß	është nxehtë	[ə́ʃtə ndzéhtə]

ist warm	është ngrohtë	[ə́ʃtə ŋróhtə]
warm (Adj)	ngrohtë	[ŋróhtə]

ist kalt	bën ftohtë	[bən ftóhtə]
kalt (Adj)	i ftohtë	[i ftóhtə]

Sonne (f)	diell (m)	[díɛɫ]
scheinen (vi)	ndriçon	[ndritʃón]
sonnig (Adj)	me diell	[mɛ díɛɫ]

aufgehen (vi)	agon	[agón]
untergehen (vi)	perëndon	[pɛrəndón]

Wolke (f)	re (f)	[rɛ]
bewölkt, wolkig	vranët	[vránət]
Regenwolke (f)	re shiu (f)	[rɛ ʃíu]
trüb (-er Tag)	vranët	[vránət]

Regen (m)	shi (m)	[ʃi]
Es regnet	bie shi	[bíɛ ʃi]
regnerisch (-er Tag)	me shi	[mɛ ʃi]
nieseln (vi)	shi i imët	[ʃi i ímət]

strömender Regen (m)	shi litar (m)	[ʃi litár]
Regenschauer (m)	stuhi shiu (f)	[stuhí ʃíu]
stark (-er Regen)	i fortë	[i fórtə]
Pfütze (f)	brakë (f)	[brákə]
nass werden (vi)	lagem	[lágɛm]

Nebel (m)	mjegull (f)	[mjéguɫ]
neblig (-er Tag)	e mjegullt	[ɛ mjéguɫt]
Schnee (m)	borë (f)	[bórə]
Es schneit	bie borë	[bíɛ bórə]

86. Unwetter Naturkatastrophen

Gewitter (n)	stuhi (f)	[stuhí]
Blitz (m)	vetëtimë (f)	[vɛtətímə]
blitzen (vi)	vetëton	[vɛtətón]

Donner (m)	bubullimë (f)	[bubuɫímə]
donnern (vi)	bubullon	[bubuɫón]
Es donnert	bubullon	[bubuɫón]

Hagel (m)	breshër (m)	[bréʃər]
Es hagelt	po bie breshër	[po biɛ bréʃər]

überfluten (vt)	përmbytet	[pərmbýtɛt]
Überschwemmung (f)	përmbytje (f)	[pərmbýtjɛ]

Erdbeben (n)	tërmet (m)	[tərmét]
Erschütterung (f)	lëkundje (f)	[ləkúndjɛ]
Epizentrum (n)	epiqendër (f)	[ɛpicéndər]

Ausbruch (m)	shpërthim (m)	[ʃpərθím]
Lava (f)	llavë (f)	[ɫávə]

Wirbelsturm (m)	vorbull (f)	[vórbuɫ]
Tornado (m)	tornado (f)	[tornádo]
Taifun (m)	tajfun (m)	[tajfún]

Orkan (m)	uragan (m)	[uragán]
Sturm (m)	stuhi (f)	[stuhí]
Tsunami (m)	cunam (m)	[tsunám]

Zyklon (m)	ciklon (m)	[tsiklón]
Unwetter (n)	mot i keq (m)	[mot i kɛc]
Brand (m)	zjarr (m)	[zjar]
Katastrophe (f)	fatkeqësi (f)	[fatkɛcəsí]
Meteorit (m)	meteor (m)	[mɛtɛór]
Lawine (f)	ortek (m)	[orték]
Schneelawine (f)	rrëshqitje bore (f)	[rəʃcítjɛ bórɛ]
Schneegestöber (n)	stuhi bore (f)	[stuhí bórɛ]
Schneesturm (m)	stuhi bore (f)	[stuhí bórɛ]

FAUNA

87. Säugetiere. Raubtiere

Raubtier (n)	grabitqar (m)	[grabitcár]
Tiger (m)	tigër (m)	[tígər]
Löwe (m)	luan (m)	[luán]
Wolf (m)	ujk (m)	[ujk]
Fuchs (m)	dhelpër (f)	[ðélpər]
Jaguar (m)	jaguar (m)	[jaguár]
Leopard (m)	leopard (m)	[lɛopárd]
Gepard (m)	gepard (m)	[gɛpárd]
Panther (m)	panterë e zezë (f)	[pantérə ɛ zézə]
Puma (m)	puma (f)	[púma]
Schneeleopard (m)	leopard i borës (m)	[lɛopárd i bórəs]
Luchs (m)	rrëqebull (m)	[rəcébuł]
Kojote (m)	kojotë (f)	[kojótə]
Schakal (m)	çakall (m)	[tʃakáł]
Hyäne (f)	hienë (f)	[hiénə]

88. Tiere in freier Wildbahn

Tier (n)	kafshë (f)	[káfʃə]
Bestie (f)	bishë (f)	[bíʃə]
Eichhörnchen (n)	ketër (m)	[kétər]
Igel (m)	iriq (m)	[iríc]
Hase (m)	lepur i egër (m)	[lépur i égər]
Kaninchen (n)	lepur (m)	[lépur]
Dachs (m)	vjedull (f)	[vjéduł]
Waschbär (m)	rakun (m)	[rakún]
Hamster (m)	hamster (m)	[hamstér]
Murmeltier (n)	marmot (m)	[marmót]
Maulwurf (m)	urith (m)	[uríθ]
Maus (f)	mi (m)	[mi]
Ratte (f)	mi (m)	[mi]
Fledermaus (f)	lakuriq (m)	[lakuríc]
Hermelin (n)	herminë (f)	[hɛrmínə]
Zobel (m)	kunadhe (f)	[kunáðɛ]
Marder (m)	shqarth (m)	[ʃcarθ]
Wiesel (n)	nuselalë (f)	[nusɛlálə]
Nerz (m)	vizon (m)	[vizón]

| Biber (m) | kastor (m) | [kastór] |
| Fischotter (m) | vidër (f) | [vídər] |

Pferd (n)	kali (m)	[káli]
Elch (m)	dre brilopatë (m)	[drɛ brilopátə]
Hirsch (m)	dre (f)	[drɛ]
Kamel (n)	deve (f)	[dévɛ]

Bison (m)	bizon (m)	[bizón]
Wisent (m)	bizon evropian (m)	[bizón ɛvropián]
Büffel (m)	buall (m)	[búaɫ]

Zebra (n)	zebër (f)	[zébər]
Antilope (f)	antilopë (f)	[antilópə]
Reh (n)	dre (f)	[drɛ]
Damhirsch (m)	dre ugar (m)	[drɛ ugár]
Gämse (f)	kamosh (m)	[kamóʃ]
Wildschwein (n)	derr i egër (m)	[dér i égər]

Wal (m)	balenë (f)	[balénə]
Seehund (m)	fokë (f)	[fókə]
Walroß (n)	lopë deti (f)	[lópə déti]
Seebär (m)	fokë (f)	[fókə]
Delfin (m)	delfin (m)	[dɛlfín]

Bär (m)	ari (m)	[arí]
Eisbär (m)	ari polar (m)	[arí polár]
Panda (m)	panda (f)	[pánda]

Affe (m)	majmun (m)	[majmún]
Schimpanse (m)	shimpanze (f)	[ʃimpánzɛ]
Orang-Utan (m)	orangutan (m)	[oraŋután]
Gorilla (m)	gorillë (f)	[goríɫə]
Makak (m)	majmun makao (m)	[majmún makáo]
Gibbon (m)	gibon (m)	[gibón]

Elefant (m)	elefant (m)	[ɛlɛfánt]
Nashorn (n)	rinoqeront (m)	[rinocɛrónt]
Giraffe (f)	gjirafë (f)	[ɟiráfə]
Flusspferd (n)	hipopotam (m)	[hipopotám]

| Känguru (n) | kangur (m) | [kaŋúr] |
| Koala (m) | koala (f) | [koála] |

Manguste (f)	mangustë (f)	[maŋústə]
Chinchilla (n)	çinçila (f)	[tʃintʃíla]
Stinktier (n)	qelbës (m)	[célbəs]
Stachelschwein (n)	ferrëgjatë (m)	[fɛrəɟátə]

89. Haustiere

Katze (f)	mace (f)	[mátsɛ]
Kater (m)	maçok (m)	[matʃók]
Hund (m)	qen (m)	[cɛn]

Pferd (n)	kali (m)	[káli]
Hengst (m)	hamshor (m)	[hamʃór]
Stute (f)	pelë (f)	[pélə]

Kuh (f)	lopë (f)	[lópə]
Stier (m)	dem (m)	[dém]
Ochse (m)	ka (m)	[ka]

Schaf (n)	dele (f)	[délɛ]
Widder (m)	dash (m)	[daʃ]
Ziege (f)	dhi (f)	[ði]
Ziegenbock (m)	cjap (m)	[tsjáp]

| Esel (m) | gomar (m) | [gomár] |
| Maultier (n) | mushkë (f) | [múʃkə] |

Schwein (n)	derr (m)	[dɛr]
Ferkel (n)	derrkuc (m)	[dɛrkúts]
Kaninchen (n)	lepur (m)	[lépur]

| Huhn (n) | pulë (f) | [púlə] |
| Hahn (m) | gjel (m) | [ɟél] |

Ente (f)	rosë (f)	[rósə]
Enterich (m)	rosak (m)	[rosák]
Gans (f)	patë (f)	[pátə]

| Puter (m) | gjel deti i egër (m) | [ɟél déti i égər] |
| Pute (f) | gjel deti (m) | [ɟél déti] |

Haustiere (pl)	kafshë shtëpiake (f)	[káfʃə ʃtəpiákɛ]
zahm	i zbutur	[i zbútur]
zähmen (vt)	zbus	[zbus]
züchten (vt)	rrit	[rit]

Farm (f)	fermë (f)	[férmə]
Geflügel (n)	pulari (f)	[pularí]
Vieh (n)	bagëti (f)	[bagətí]
Herde (f)	kope (f)	[kopé]

Pferdestall (m)	stallë (f)	[stáɫə]
Schweinestall (m)	stallë e derrave (f)	[stáɫə ɛ déravɛ]
Kuhstall (m)	stallë e lopëve (f)	[stáɫə ɛ lópəvɛ]
Kaninchenstall (m)	kolibe lepujsh (f)	[kolíbɛ lépujʃ]
Hühnerstall (m)	kotec (m)	[kotéts]

90. Vögel

Vogel (m)	zog (m)	[zog]
Taube (f)	pëllumb (m)	[pəɫúmb]
Spatz (m)	harabel (m)	[harabél]
Meise (f)	xhixhimës (m)	[dʒidʒimés]
Elster (f)	laraskë (f)	[laráskə]
Rabe (m)	korb (m)	[korb]

Krähe (f)	sorrë (f)	[sórə]
Dohle (f)	galë (f)	[gálə]
Saatkrähe (f)	sorrë (f)	[sórə]

Ente (f)	rosë (f)	[rósə]
Gans (f)	patë (f)	[pátə]
Fasan (m)	fazan (m)	[fazán]

Adler (m)	shqiponjë (f)	[ʃcipóɲə]
Habicht (m)	gjeraqinë (f)	[ɟɛracínə]
Falke (m)	fajkua (f)	[fajkúa]
Greif (m)	hutë (f)	[hútə]
Kondor (m)	kondor (m)	[kondór]

Schwan (m)	mjellmë (f)	[mjéɫmə]
Kranich (m)	lejlek (m)	[lɛjlék]
Storch (m)	lejlek (m)	[lɛjlék]

Papagei (m)	papagall (m)	[papagáɫ]
Kolibri (m)	kolibri (m)	[kolíbri]
Pfau (m)	pallua (m)	[paɫúa]

Strauß (m)	struc (m)	[struts]
Reiher (m)	çafkë (f)	[tʃáfkə]
Flamingo (m)	flamingo (m)	[flamíɲo]
Pelikan (m)	pelikan (m)	[pɛlikán]

| Nachtigall (f) | bilbil (m) | [bilbíl] |
| Schwalbe (f) | dallëndyshe (f) | [daɫəndýʃɛ] |

Drossel (f)	mëllenjë (f)	[məɫéɲə]
Singdrossel (f)	grifsha (f)	[grífʃa]
Amsel (f)	mëllenjë (f)	[məɫéɲə]

Segler (m)	dallëndyshe (f)	[daɫəndýʃɛ]
Lerche (f)	thëllëzë (f)	[θəɫézə]
Wachtel (f)	trumcak (m)	[trumtsák]

Specht (m)	qukapik (m)	[cukapík]
Kuckuck (m)	kukuvajkë (f)	[kukuvájkə]
Eule (f)	buf (m)	[buf]
Uhu (m)	buf mbretëror (m)	[buf mbrɛtərór]
Auerhahn (m)	fazan i pyllit (m)	[fazán i pýɫit]
Birkhahn (m)	fazan i zi (m)	[fazán i zí]
Rebhuhn (n)	thëllëzë (f)	[θəɫézə]

Star (m)	gargull (m)	[gárguɫ]
Kanarienvogel (m)	kanarinë (f)	[kanarínə]
Haselhuhn (n)	fazan mali (m)	[fazán máli]

| Buchfink (m) | trishtil (m) | [triʃtíl] |
| Gimpel (m) | trishtil dimri (m) | [triʃtíl dímri] |

Möwe (f)	pulëbardhë (f)	[puləbárðə]
Albatros (m)	albatros (m)	[albatrós]
Pinguin (m)	penguin (m)	[pɛŋuín]

91. Fische. Meerestiere

Brachse (f)	krapuliq (m)	[krapulíc]
Karpfen (m)	krap (m)	[krap]
Barsch (m)	perç (m)	[pɛrtʃ]
Wels (m)	mustak (m)	[musták]
Hecht (m)	mlysh (m)	[mlýʃ]
Lachs (m)	salmon (m)	[salmón]
Stör (m)	bli (m)	[blí]
Hering (m)	harengë (f)	[haréŋə]
atlantische Lachs (m)	salmon Atlantiku (m)	[salmón atlantíku]
Makrele (f)	skumbri (m)	[skúmbri]
Scholle (f)	shojzë (f)	[ʃójzə]
Zander (m)	troftë (f)	[tróftə]
Dorsch (m)	merluc (m)	[mɛrlúts]
Tunfisch (m)	tunë (f)	[túnə]
Forelle (f)	troftë (f)	[tróftə]
Aal (m)	ngjalë (f)	[nɟálə]
Zitterrochen (m)	peshk elektrik (m)	[pɛʃk ɛlɛktrík]
Muräne (f)	ngjalë morel (f)	[nɟálə morél]
Piranha (m)	piranja (f)	[pirájna]
Hai (m)	peshkaqen (m)	[pɛʃkacén]
Delfin (m)	delfin (m)	[dɛlfín]
Wal (m)	balenë (f)	[balénə]
Krabbe (f)	gaforre (f)	[gafórɛ]
Meduse (f)	kandil deti (m)	[kandíl déti]
Krake (m)	oktapod (m)	[oktapód]
Seestern (m)	yll deti (m)	[yɫ déti]
Seeigel (m)	iriq deti (m)	[iríc déti]
Seepferdchen (n)	kalë deti (m)	[kálə déti]
Auster (f)	midhje (f)	[míðjɛ]
Garnele (f)	karkalec (m)	[karkaléts]
Hummer (m)	karavidhe (f)	[karavíðɛ]
Languste (f)	karavidhe (f)	[karavíðɛ]

92. Amphibien Reptilien

Schlange (f)	gjarpër (m)	[ɟárpər]
Gift-, giftig	helmues	[hɛlmúɛs]
Viper (f)	nepërka (f)	[nɛpərka]
Kobra (f)	kobra (f)	[kóbra]
Python (m)	piton (m)	[pitón]
Boa (f)	boa (f)	[bóa]
Ringelnatter (f)	kular (m)	[kulár]

Klapperschlange (f)	gjarpër me zile (m)	[ɟárpər mɛ zílɛ]
Anakonda (f)	anakonda (f)	[anakónda]
Eidechse (f)	hardhucë (f)	[harðútsə]
Leguan (m)	iguana (f)	[iguána]
Waran (m)	varan (m)	[varán]
Salamander (m)	salamandër (f)	[salamándər]
Chamäleon (n)	kameleon (m)	[kamɛlɛón]
Skorpion (m)	akrep (m)	[akrép]
Schildkröte (f)	breshkë (f)	[bréʃkə]
Frosch (m)	bretkosë (f)	[brɛtkósə]
Kröte (f)	zhabë (f)	[ʒábə]
Krokodil (n)	krokodil (m)	[krokodíl]

93. Insekten

Insekt (n)	insekt (m)	[insékt]
Schmetterling (m)	flutur (f)	[flútur]
Ameise (f)	milingonë (f)	[miliŋónə]
Fliege (f)	mizë (f)	[mízə]
Mücke (f)	mushkonjë (f)	[muʃkóɲə]
Käfer (m)	brumbull (m)	[brúmbuɫ]
Wespe (f)	grerëz (f)	[grérəz]
Biene (f)	bletë (f)	[blétə]
Hummel (f)	greth (m)	[grɛθ]
Bremse (f)	zekth (m)	[zɛkθ]
Spinne (f)	merimangë (f)	[mɛrimáŋə]
Spinnennetz (n)	rrjetë merimange (f)	[rjétə mɛrimáŋɛ]
Libelle (f)	pilivesë (f)	[pilivésə]
Grashüpfer (m)	karkalec (m)	[karkaléts]
Schmetterling (m)	molë (f)	[mólə]
Schabe (f)	kacabu (f)	[katsabú]
Zecke (f)	rriqër (m)	[ríʦər]
Floh (m)	plesht (m)	[plɛʃt]
Kriebelmücke (f)	mushicë (f)	[muʃítsə]
Heuschrecke (f)	gjinkallë (f)	[ɟinkáɫə]
Schnecke (f)	kërmill (m)	[kərmíɫ]
Heimchen (n)	bulkth (m)	[búlkθ]
Leuchtkäfer (m)	xixëllonjë (f)	[dzidzəɫóɲə]
Marienkäfer (m)	mollëkuqe (f)	[moɫəkúʦɛ]
Maikäfer (m)	vizhë (f)	[víʒə]
Blutegel (m)	shushunjë (f)	[ʃuʃúɲə]
Raupe (f)	vemje (f)	[vémjɛ]
Wurm (m)	krimb toke (m)	[krímb tókɛ]
Larve (f)	larvë (f)	[lárvə]

FLORA

94. Bäume

Baum (m)	pemë (f)	[pémə]
Laub-	gjethor	[ɟɛθór]
Nadel-	halor	[halór]
immergrün	përherë të gjelbra	[pərhérə tə ɟélbra]
Apfelbaum (m)	pemë molle (f)	[pémə mótɛ]
Birnbaum (m)	pemë dardhe (f)	[pémə dárðɛ]
Süßkirschbaum (m)	pemë qershie (f)	[pémə cɛrʃíɛ]
Sauerkirschbaum (m)	pemë qershi vishnje (f)	[pémə cɛrʃí víʃɲɛ]
Pflaumenbaum (m)	pemë kumbulle (f)	[pémə kúmbuɫɛ]
Birke (f)	mështekna (f)	[məʃtékna]
Eiche (f)	lis (m)	[lis]
Linde (f)	bli (m)	[blí]
Espe (f)	plep i egër (m)	[plɛp i égər]
Ahorn (m)	panjë (f)	[páɲə]
Fichte (f)	bredh (m)	[brɛð]
Kiefer (f)	pishë (f)	[píʃə]
Lärche (f)	larsh (m)	[lárʃ]
Tanne (f)	bredh i bardhë (m)	[brɛð i bárðə]
Zeder (f)	kedër (m)	[kédər]
Pappel (f)	plep (m)	[plɛp]
Vogelbeerbaum (m)	vadhë (f)	[váðə]
Weide (f)	shelg (m)	[ʃɛlg]
Erle (f)	verr (m)	[vɛr]
Buche (f)	ah (m)	[ah]
Ulme (f)	elm (m)	[élm]
Esche (f)	shelg (m)	[ʃɛlg]
Kastanie (f)	gështenjë (f)	[gəʃtéɲə]
Magnolie (f)	manjolia (f)	[maɲólia]
Palme (f)	palma (f)	[pálma]
Zypresse (f)	qiparis (m)	[ciparís]
Mangrovenbaum (m)	rizoforë (f)	[rizofórə]
Baobab (m)	baobab (m)	[baobáb]
Eukalyptus (m)	eukalipt (m)	[ɛukalípt]
Mammutbaum (m)	sekuojë (f)	[sɛkuójə]

95. Büsche

Strauch (m)	shkurre (f)	[ʃkúrɛ]
Gebüsch (n)	kaçube (f)	[katʃúbɛ]

Weinstock (m)	hardhi (f)	[harðí]
Weinberg (m)	vreshtë (f)	[vréʃtə]

Himbeerstrauch (m)	mjedër (f)	[mjédər]
schwarze Johannisbeere (f)	kaliboba e zezë (f)	[kalibóba ɛ zézə]
rote Johannisbeere (f)	kaliboba e kuqe (f)	[kalibóba ɛ kúcɛ]
Stachelbeerstrauch (m)	shkurre kulumbrie (f)	[ʃkúrɛ kulumbríɛ]

Akazie (f)	akacie (f)	[akátsiɛ]
Berberitze (f)	krespinë (f)	[krɛspínə]
Jasmin (m)	jasemin (m)	[jasɛmín]

Wacholder (m)	dëllinjë (f)	[dətíɲə]
Rosenstrauch (m)	trëndafil (m)	[trəndafíl]
Heckenrose (f)	trëndafil i egër (m)	[trəndafíl i égər]

96. Obst. Beeren

Frucht (f)	frut (m)	[frut]
Früchte (pl)	fruta (pl)	[frúta]

Apfel (m)	mollë (f)	[móɫə]
Birne (f)	dardhë (f)	[dárðə]
Pflaume (f)	kumbull (f)	[kúmbuɫ]

Erdbeere (f)	luleshtrydhe (f)	[lulɛʃtrýðɛ]
Sauerkirsche (f)	qershi vishnje (f)	[cɛrʃí víʃɲɛ]
Süßkirsche (f)	qershi (f)	[cɛrʃí]
Weintrauben (pl)	rrush (m)	[ruʃ]

Himbeere (f)	mjedër (f)	[mjédər]
schwarze Johannisbeere (f)	kaliboba e zezë (f)	[kalibóba ɛ zézə]
rote Johannisbeere (f)	kaliboba e kuqe (f)	[kalibóba ɛ kúcɛ]
Stachelbeere (f)	kulumbri (f)	[kulumbrí]
Moosbeere (f)	boronica (f)	[boronítsa]

Apfelsine (f)	portokall (m)	[portokáɫ]
Mandarine (f)	mandarinë (f)	[mandarínə]
Ananas (f)	ananas (m)	[ananás]
Banane (f)	banane (f)	[banánɛ]
Dattel (f)	hurmë (f)	[húrmə]

Zitrone (f)	limon (m)	[limón]
Aprikose (f)	kajsi (f)	[kajsí]
Pfirsich (m)	pjeshkë (f)	[pjéʃkə]

Kiwi (f)	kivi (m)	[kívi]
Grapefruit (f)	grejpfrut (m)	[grɛjpfrút]

Beere (f)	manë (f)	[mánə]
Beeren (pl)	mana (f)	[mána]
Preiselbeere (f)	boronicë mirtile (f)	[boronítsə mirtílɛ]
Walderdbeere (f)	luleshtrydhe e egër (f)	[lulɛʃtrýðɛ ɛ égər]
Heidelbeere (f)	boronicë (f)	[boronítsə]

97. Blumen. Pflanzen

Deutsch	Albanisch	Aussprache
Blume (f)	lule (f)	[lúlɛ]
Blumenstrauß (m)	buqetë (f)	[bucétə]
Rose (f)	trëndafil (m)	[trəndafíl]
Tulpe (f)	tulipan (m)	[tulipán]
Nelke (f)	karafil (m)	[karafíl]
Gladiole (f)	gladiolë (f)	[gladiólə]
Kornblume (f)	lule misri (f)	[lúlɛ mísri]
Glockenblume (f)	lule këmborë (f)	[lúlɛ kəmbórə]
Löwenzahn (m)	luleradhiqe (f)	[lulɛraðícɛ]
Kamille (f)	kamomil (m)	[kamomíl]
Aloe (f)	aloe (f)	[alóɛ]
Kaktus (m)	kaktus (m)	[kaktús]
Gummibaum (m)	fikus (m)	[fíkus]
Lilie (f)	zambak (m)	[zambák]
Geranie (f)	barbarozë (f)	[barbarózə]
Hyazinthe (f)	zymbyl (m)	[zymbýl]
Mimose (f)	mimoza (f)	[mimóza]
Narzisse (f)	narcis (m)	[nartsís]
Kapuzinerkresse (f)	lule këmbore (f)	[lúlɛ kəmbórɛ]
Orchidee (f)	orkide (f)	[orkidé]
Pfingstrose (f)	bozhure (f)	[boʒúrɛ]
Veilchen (n)	vjollcë (f)	[vjóɫtsə]
Stiefmütterchen (n)	lule vjollca (f)	[lúlɛ vjóɫtsa]
Vergissmeinnicht (n)	mosmëharro (f)	[mosməharó]
Gänseblümchen (n)	margaritë (f)	[margarítə]
Mohn (m)	lulëkuqe (f)	[luləkúcɛ]
Hanf (m)	kërp (m)	[kérp]
Minze (f)	mendër (f)	[méndər]
Maiglöckchen (n)	zambak i fushës (m)	[zambák i fúʃəs]
Schneeglöckchen (n)	luleborë (f)	[lulɛbórə]
Brennnessel (f)	hithra (f)	[híθra]
Sauerampfer (m)	lëpjeta (f)	[ləpjéta]
Seerose (f)	zambak uji (m)	[zambák új̈i]
Farn (m)	fier (m)	[fíɛr]
Flechte (f)	likene (f)	[likénɛ]
Gewächshaus (n)	serrë (f)	[sérə]
Rasen (m)	lëndinë (f)	[ləndínə]
Blumenbeet (n)	kënd lulishteje (m)	[kənd lulíʃtɛjɛ]
Pflanze (f)	bimë (f)	[bímə]
Gras (n)	bar (m)	[bar]
Grashalm (m)	fije bari (f)	[fíjɛ bári]

Blatt (n)	gjeth (m)	[ɟɛθ]
Blütenblatt (n)	petale (f)	[pɛtálɛ]
Stiel (m)	bisht (m)	[biʃt]
Knolle (f)	zhardhok (m)	[ʒarðók]

Jungpflanze (f)	filiz (m)	[filíz]
Dorn (m)	gjemb (m)	[ɟémb]

blühen (vi)	lulëzoj	[luləzój]
welken (vi)	vyshket	[výʃkɛt]
Geruch (m)	aromë (f)	[arómə]
abschneiden (vt)	pres lulet	[prɛs lúlɛt]
pflücken (vt)	mbledh lule	[mbléð lúlɛ]

98. Getreide, Körner

Getreide (n)	drithë (m)	[dríθə]
Getreidepflanzen (pl)	drithëra (pl)	[dríθəra]
Ähre (f)	kaush (m)	[kaúʃ]

Weizen (m)	grurë (f)	[grúrə]
Roggen (m)	thekër (f)	[θékər]
Hafer (m)	tërshërë (f)	[tərʃérə]
Hirse (f)	mel (m)	[mɛl]
Gerste (f)	elb (m)	[ɛlb]

Mais (m)	misër (m)	[mísər]
Reis (m)	oriz (m)	[oríz]
Buchweizen (m)	hikërr (m)	[híkər]

Erbse (f)	bizele (f)	[bizélɛ]
weiße Bohne (f)	groshë (f)	[gróʃə]
Sojabohne (f)	sojë (f)	[sójə]
Linse (f)	thjerrëz (f)	[θjérəz]
Bohnen (pl)	fasule (f)	[fasúlɛ]

LÄNDER DER WELT

99. Länder. Teil 1

Afghanistan	Afganistan (m)	[afganistán]
Ägypten	Egjipt (m)	[ɛɟípt]
Albanien	Shqipëri (f)	[ʃcipərí]
Argentinien	Argjentinë (f)	[aɟɛntínə]
Armenien	Armeni (f)	[armɛní]
Aserbaidschan	Azerbajxhan (m)	[azɛrbajdʒán]
Australien	Australia (f)	[australía]
Bangladesch	Bangladesh (m)	[baŋladéʃ]
Belgien	Belgjikë (f)	[bɛʎíkə]
Bolivien	Bolivi (f)	[bolíví]
Bosnien und Herzegowina	Bosnje Herzegovina (f)	[bósɲɛ hɛrzɛgovína]
Brasilien	Brazil (m)	[brazíl]
Bulgarien	Bullgari (f)	[buɫgarí]
Chile	Kili (m)	[kíli]
China	Kinë (f)	[kínə]
Dänemark	Danimarkë (f)	[danimárkə]
Deutschland	Gjermani (f)	[ɟɛrmaní]
Die Bahamas	Bahamas (m)	[bahámas]
Die Vereinigten Staaten	Shtetet e Bashkuara të Amerikës	[ʃtétɛt ɛ baʃkúara tə amɛríkəs]
Dominikanische Republik	Republika Dominikane (f)	[rɛpublíka dominikánɛ]
Ecuador	Ekuador (m)	[ɛkuadór]
England	Angli (f)	[aŋlí]
Estland	Estoni (f)	[ɛstoní]
Finnland	Finlandë (f)	[finlándə]
Frankreich	Francë (f)	[frántsə]
Französisch-Polynesien	Polinezia Franceze (f)	[polinɛzía frantsézɛ]
Georgien	Gjeorgji (f)	[ɟɛoɟí]
Ghana	Gana (f)	[gána]
Griechenland	Greqi (f)	[grɛcí]
Großbritannien	Britani e Madhe (f)	[brítani ɛ máðɛ]
Haiti	Haiti (m)	[haíti]
Indien	Indi (f)	[indí]
Indonesien	Indonezi (f)	[indonɛzí]
Irak	Irak (m)	[irak]
Iran	Iran (m)	[irán]
Irland	Irlandë (f)	[irlándə]
Island	Islandë (f)	[islándə]
Israel	Izrael (m)	[izraél]
Italien	Itali (f)	[italí]

100. Länder. Teil 2

Jamaika	Xhamajka (f)	[dʒamájka]
Japan	Japoni (f)	[japoní]
Jordanien	Jordani (f)	[jordaní]
Kambodscha	Kamboxhia (f)	[kambódʒia]
Kanada	Kanada (f)	[kanadá]
Kasachstan	Kazakistan (m)	[kazakistán]
Kenia	Kenia (f)	[kénia]
Kirgisien	Kirgistan (m)	[kirgistán]
Kolumbien	Kolumbi (f)	[kolumbí]
Kroatien	Kroaci (f)	[kroatsí]
Kuba	Kuba (f)	[kúba]
Kuwait	Kuvajt (m)	[kuvájt]
Laos	Laos (m)	[láos]
Lettland	Letoni (f)	[lɛtoní]
Libanon (m)	Liban (m)	[libán]
Libyen	Libia (f)	[libía]
Liechtenstein	Lichtenstein (m)	[litshtɛnstéin]
Litauen	Lituani (f)	[lituaní]
Luxemburg	Luksemburg (m)	[luksɛmbúrg]
Madagaskar	Madagaskar (m)	[madagaskár]
Makedonien	Maqedonia (f)	[macɛdonía]
Malaysia	Malajzi (f)	[malajzí]
Malta	Maltë (f)	[máltə]
Marokko	Marok (m)	[marók]
Mexiko	Meksikë (f)	[mɛksíkə]
Moldawien	Moldavi (f)	[moldaví]
Monaco	Monako (f)	[monáko]
Mongolei (f)	Mongoli (f)	[moŋolí]
Montenegro	Mali i Zi (m)	[máli i zí]
Myanmar	Mianmar (m)	[mianmár]
Namibia	Namibia (f)	[namíbia]
Nepal	Nepal (m)	[nɛpál]
Neuseeland	Zelandë e Re (f)	[zɛlándə ɛ ré]
Niederlande (f)	Holandë (f)	[holándə]
Nordkorea	Korea e Veriut (f)	[koréa ɛ vériut]
Norwegen	Norvegji (f)	[norvɛɟí]
Österreich	Austri (f)	[austrí]

101. Länder. Teil 3

Pakistan	Pakistan (m)	[pakistán]
Palästina	Palestinë (f)	[palɛstínə]
Panama	Panama (f)	[panamá]
Paraguay	Paraguai (m)	[paraguái]
Peru	Peru (f)	[pɛrú]
Polen	Poloni (f)	[poloní]
Portugal	Portugali (f)	[portugalí]

Republik Südafrika	Afrika e Jugut (f)	[afríka ɛ júgut]
Rumänien	Rumani (f)	[rumaní]
Russland	Rusi (f)	[rusí]

Sansibar	Zanzibar (m)	[zanzibár]
Saudi-Arabien	Arabia Saudite (f)	[arabía saudítɛ]
Schottland	Skoci (f)	[skotsí]
Schweden	Suedi (f)	[suɛdí]
Schweiz (f)	Zvicër (f)	[zvítsər]
Senegal	Senegal (m)	[sɛnɛgál]
Serbien	Serbi (f)	[sɛrbí]
Slowakei (f)	Sllovaki (f)	[słovakí]
Slowenien	Sllovenia (f)	[słovɛnía]
Spanien	Spanjë (f)	[spáɲə]
Südkorea	Korea e Jugut (f)	[koréa ɛ júgut]
Suriname	Surinam (m)	[surinám]
Syrien	Siri (f)	[sirí]

Tadschikistan	Taxhikistan (m)	[tadʒikistán]
Taiwan	Tajvan (m)	[tajván]
Tansania	Tanzani (f)	[tanzaní]
Tasmanien	Tasmani (f)	[tasmaní]
Thailand	Tajlandë (f)	[tajlándə]
Tschechien	Republika Çeke (f)	[rɛpublíka tʃékɛ]
Tunesien	Tunizi (f)	[tunizí]
Türkei (f)	Turqi (f)	[turcí]
Turkmenistan	Turkmenistan (m)	[turkmɛnistán]

Ukraine (f)	Ukrainë (f)	[ukraínə]
Ungarn	Hungari (f)	[huɲarí]
Uruguay	Uruguai (m)	[uruguái]
Usbekistan	Uzbekistan (m)	[uzbɛkistán]

Vatikan (m)	Vatikan (m)	[vatikán]
Venezuela	Venezuelë (f)	[vɛnɛzuélə]
Vereinigten Arabischen Emirate	Emiratet e Bashkuara Arabe (pl)	[ɛmirátɛt ɛ baʃkúara arábɛ]
Vietnam	Vietnam (m)	[viɛtnám]
Weißrussland	Bjellorusi (f)	[bjɛłorusí]
Zypern	Qipro (f)	[cípro]

www.ingramcontent.com/pod-product-compliance
Lightning Source LLC
Chambersburg PA
CBHW070834050426
42452CB00011B/2266